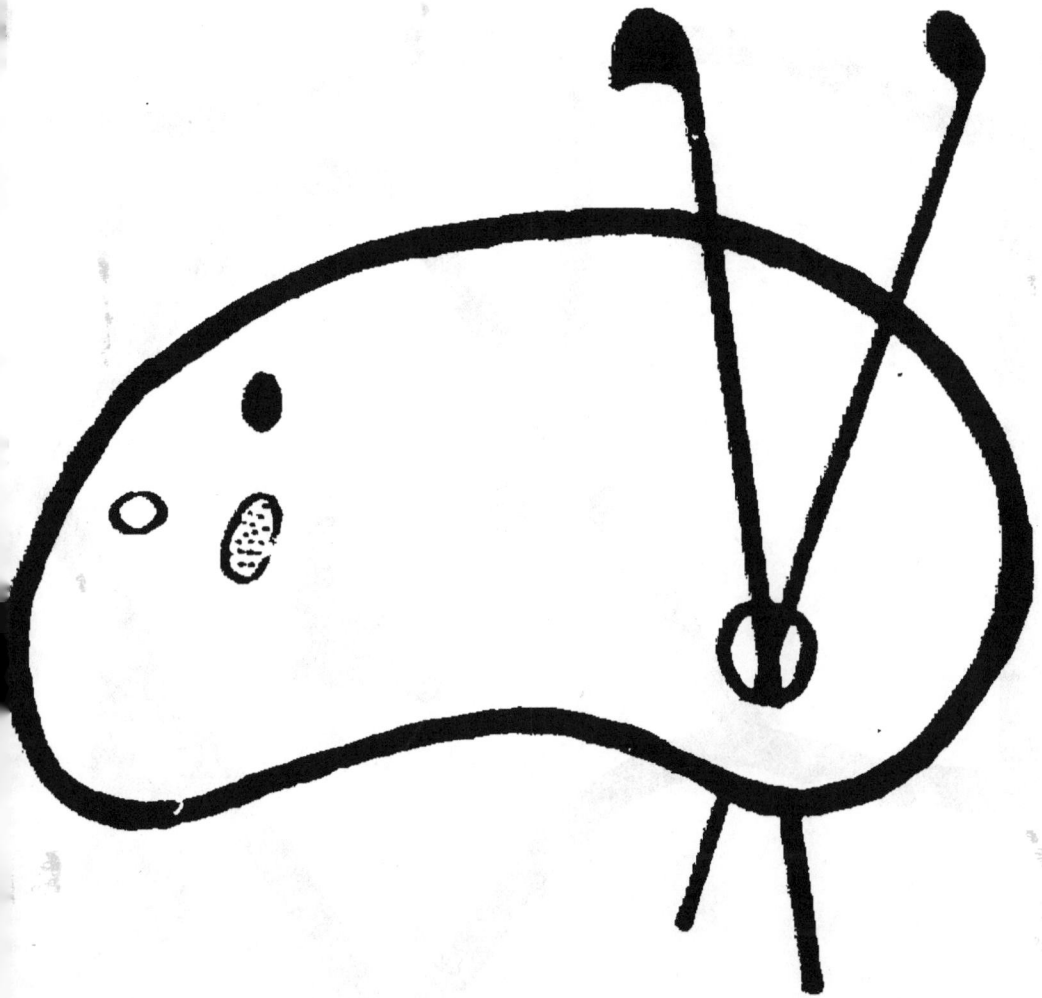

DEBUT D'UNE SERIE DE DOCUMENTS
EN COULEUR

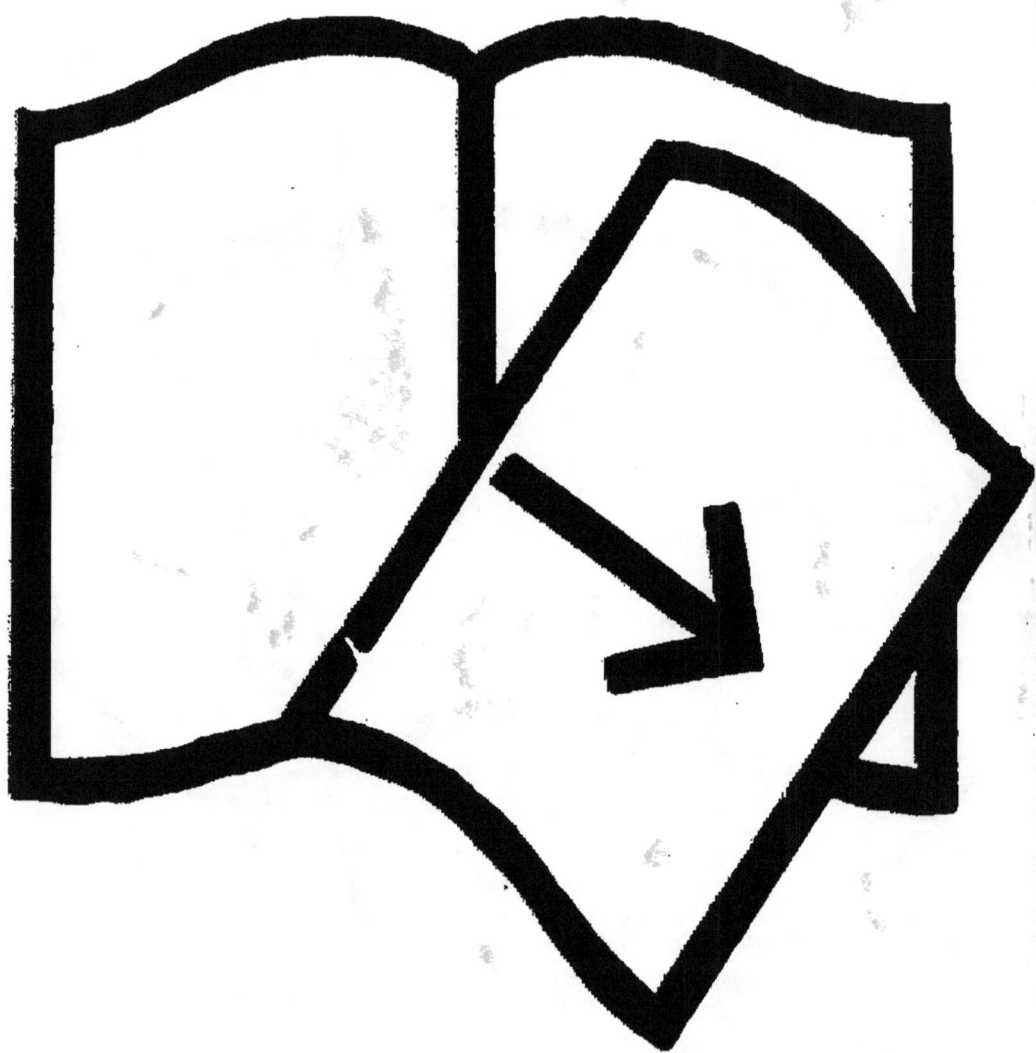

Couverture inférieure manquante

GÉOGRAPHIE

ADMINISTRATIVE

DE

L'ALSACE-LORRAINE

PARIS

IMPRIMERIE ET LIBRAIRIE ADMINISTRATIVES ET CLASSIQUES

PAUL DUPONT

1 — RUE DE BOULOI — 1

1890

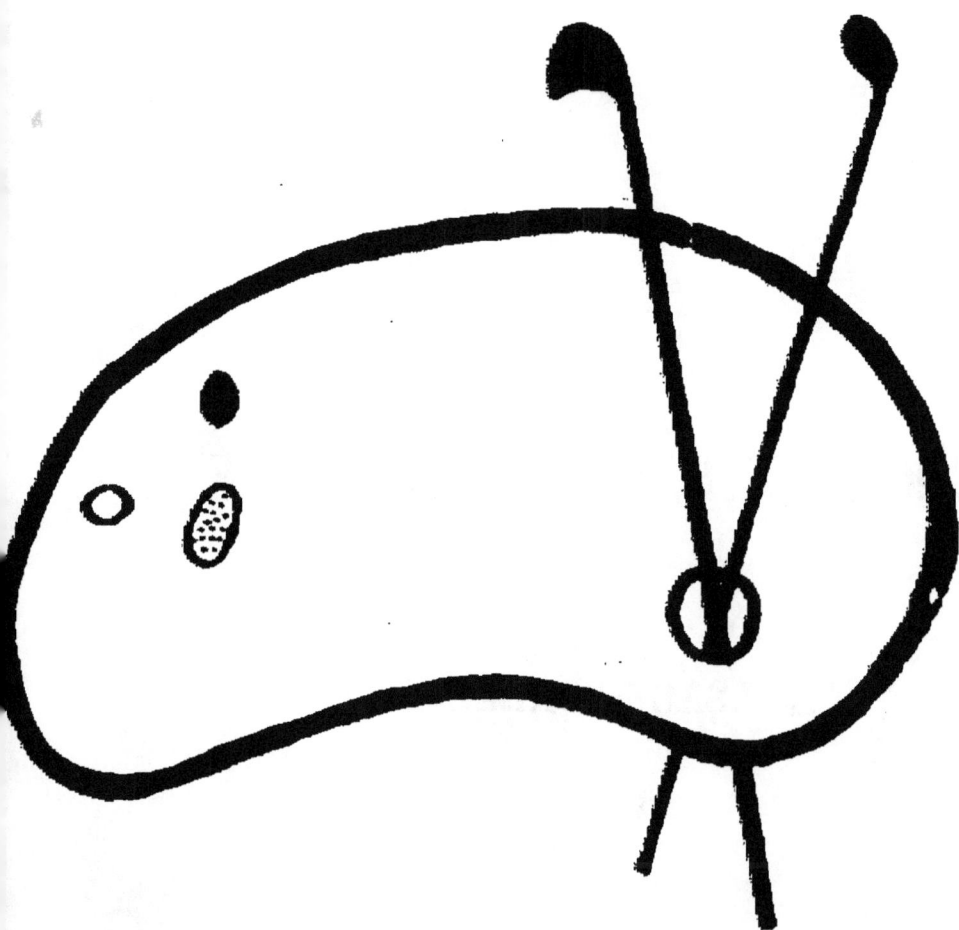

FIN D'UNE SERIE DE DOCUMENTS
EN COULEUR

GÉOGRAPHIE ADMINISTRATIVE

DE

L'ALSACE-LORRAINE

GÉOGRAPHIE

ADMINISTRATIVE

DE

L'ALSACE-LORRAINE

PARIS

IMPRIMERIE ET LIBRAIRIE ADMINISTRATIVES ET CLASSIQUES

PAUL DUPONT

4 — RUE DU BOULOI — 4

—

1890

GÉOGRAPHIE ADMINISTRATIVE

DE L'ALSACE-LORRAINE

INTRODUCTION

Les modifications que le gouvernement allemand, dès qu'il s'est emparé de nos départements du Haut-Rhin, du Bas-Rhin et de la Moselle, a apportées dans les différentes organisations administratives, ont été considérables; depuis lors, de nouveaux changements, plus importants encore, se sont produits. Il nous a paru intéressant de faire connaître cette transformation : ce sera peut-être le point de départ d'une étude permettant de rechercher si notre système administratif, malgré toutes ses imperfections, n'est pas encore supérieur à celui que nos vainqueurs ont essayé de lui substituer. N'est-il pas utile, d'ailleurs, de savoir ce qui existe au delà des Vosges? La géographie de l'Alsace-Lorraine n'est-elle pas un accessoire nécessaire de la géographie de nos départements actuels?

Nous n'aborderons pas ici l'examen de la constitution, des institutions politiques qui ont été imposées à nos anciennes provinces; mais l'examen des modifications d'ordre géographique,

1

territorial, apportées dans l'organisation administrative, montre très nettement le but poursuivi, la dislocation des groupements si solides constitués en France entre les mains des **autorités préfectorales**. Là où, partant de nos idées de simplification, de concentration, de centralisation locale, nous avons rattaché toutes ces administrations au **département**, à l'**arrondissement**, au canton, aux circonscriptions administratives, **en** un mot, le gouvernement allemand détruit peu à peu ces groupements généraux, forme pour tous ces services des arrondissements, des directions, des inspections absolument **différentes des unités territoriales administratives**; il distrait telle commune d'un canton, tel canton d'un arrondissement, d'un département même, pour les rattacher, soit au point de vue financier, soit au point de vue judiciaire, à un groupement nouveau dont le chef ne se trouve ni officiellement, ni même officieusement, sous la dépendance du préfet ou du sous-préfet. Les administrations sont autonomes et relèvent directement de leurs chefs de service placés au ministère à Strasbourg. Il est vrai que cette organisation ne s'applique qu'à un territoire restreint, dont le village le plus éloigné de la capitale n'en est distant que de 110 kilomètres; il est vrai aussi qu'à côté des préfets, et dépendant d'eux, fonctionne un service de police des plus complets, les renseignant — et renseignant par eux le Statthalter — sur les difficultés d'administration qui peuvent se produire.

Ce qui est surtout intéressant à signaler dans cette nouvelle organisation, c'est le but très nettement indiqué de ne pas réunir tous les services dans la même ville, d'assurer à chaque localité d'une certaine importance une part dans l'administration, dans les avantages que l'on peut retirer du séjour d'un certain nombre de fonctionnaires. En ne groupant pas tous les services sous la dépendance du préfet, on peut plus facilement les éloigner de sa résidence

Les services placés sous l'autorité et la surveillance du préfet sont :

L'administration communale, la police, le service vicinal complet (grande et petite voirie), l'administration des forêts, le service sanitaire.

Les services d'Etat d'Alsace-Lorraine, relevant directement du ministère à Strasbourg, sont :

La justice, l'instruction publique, les cultes, l'établissement et la perception des impôts, la navigation, les mines, l'inspection des poids et mesures.

Toutefois, même dans ces administrations locales, le gouvernement impérial exerce son action, soit par le rattachement de la justice à la cour suprême de Leipzig, soit par le contrôle de la cour des comptes de Berlin sur tous les comptables du Pays d'Empire, soit enfin, pour les contributions indirectes et les douanes, par une inspection confiée à des fonctionnaires relevant du ministère des finances impériales.

Enfin, il existe des services exclusivement impériaux : l'armée, les chemins de fer, les postes et télégraphes, la banque. Sur ces services, le Statthalter n'exerce aucune action directe ; tous les fonctionnaires appartiennent à l'Empire et sont nommés par les administrations de Berlin dont ils relèvent directement.

Nous passerons successivement en revue les différents organismes du réseau dans lequel on a essayé d'enserrer les populations restées sur le territoire de l'Alsace-Lorraine ; on a augmenté considérablement le nombre des fonctionnaires, et ces immigrés coûtent cher au budget du Pays d'Empire. Nous indiquerons sommairement l'organisation politique du pays, mais seulement sur les points où ces indications seront nécessaires pour expliquer l'organisation administrative. L'étude de ce système politique, des changements qu'il a subis, de ceux qui l'attendent peut-être, nous entraînerait en dehors du programme que nous nous sommes imposé.

Les renseignements contenus dans ce travail ont été puisés

dans les documents publiés par le gouvernement allemand, l'Annuaire d'Alsace-Lorraine (*Haudbuch für Elsass Lothringen*), l'Etat des communes (*Verzeichniss der Gemeinden in Elsass Lothringen*), la Statistique de l'Alsace-Lorraine, etc., ainsi que dans les publications de la Société de législation comparée (*Annuaire de la Législation étrangère*) et dans le *Droit public d'Alsace-Lorraine* publié à Strasbourg par M. Léoni.

CHAPITRE PREMIER

Divisions administratives. — Population

Les territoires qui nous ont été enlevés en 1871 et qui comprenaient le département du Bas-Rhin, la presque totalité du Haut-Rhin et de la Moselle et une partie de la Meurthe et des Vosges, ont été groupés par le gouvernement allemand en trois départements (*Bezirke*) : Basse-Alsace (*Unter-Elsass*), Haute-Alsace (*Ober-Elsass*), Lorraine (*Lothringen*).

Le nombre des arrondissements a été augmenté ; on plaçait ainsi au milieu des populations, que l'on espérait alors rallier et que, dans tous les cas, il importait de surveiller, des fonctionnaires nombreux, on donnait satisfaction, aux frais du budget de l'Alsace-Lorraine, aux nombreuses demandes d'emplois des Allemands ; on formait ainsi un premier noyau d'immigrés, de ces vieux Allemands que nos anciens compatriotes persistent à considérer à juste titre comme des étrangers. Grâce à cette organisation nouvelle, on pouvait ne grouper qu'un nombre de cantons réduit de 3 à 5 (6 par exception à Saverne), sur lesquels le directeur de cercle (*Kreisdirektor*) pouvait plus facilement exercer son action.

Les territoires cédés comprenaient 11 arrondissements complets, la plus grande partie de celui de Belfort et 11 cantons ou fractions de canton (Longwy, Audun-le-Roman, Briey, Conflans, Longuyon, Gorze, Vic, Château-Salins, Lorquin, Schirmeck, Saales).

On a créé 11 chefs-lieux d'arrondissements nouveaux ; les

22 arrondissements ou cercles (*Kreise*) actuels se répartissent de la manière suivante entre les départements.

Nous indiquons dans ce tableau le nombre des cantons et des communes ainsi que la population par arrondissement, telle qu'elle a été établie par le dernier recensement en 1885.

ARRONDISSEMENTS (*Kreise*)	NOMBRE			
	DE CANTONS (*Kantone*)	DE COMMUNES (*Gemeinde*)	D'HABITANTS (non compris les troupes)	D'HOMMES de troupe (1)
Basse-Alsace				
Strasbourg-ville (Stadtkreis Strassburg)................	8	1	101.464	10.523
Strasbourg campagne (Landkreis Strassburg)	4	102	79.353	168
Erstein...............	4	50	61.652	67
Haguenau (Hagenau).........	3	58	71.521	1.795
Molsheim........ ..	5	70	69.311	17
Saverne (Zabern)...........	6	134	85.987	571
Schlestadt (Schlettstadt) ...	4	63	70.755	623
Wissembourg (Weissenburg)	5	83	55.896	1.374
TOTAL.....	39	561	595.939	15.138
Haute-Alsace				
Altkirch...............	4	116	51.678	17
Colmar...............	5	62	79.594	1.937
Guebwiller (Gebweiler)....	4	47	63.011	93
Mulhouse (Mülhausen)......	5	75	141.822	2.224
Ribeauvillé (Rappoltsweiler).	4	32	61.787	4
Thann.................	4	53	60.470	5
TOTAL.....	26	385	458.260	4.290
Lorraine				
Metz-ville (Stadtkreis Metz)..	3	1	42.555	11.517
Metz campagne (Landkreis Metz)	5	153	70.769	5.801
Boulay (Bolchen).........	3	109	42.552	127
Château-Salins..	5	132	47.829	6
Forbach...............	4	85	62.999	676
Sarrebourg (Saarburg)....	5	105	58.255	1.336
Sarreguemines (Saargemünd)..................	4	73	62.877	1.283
Thionville (Diedenhofen)...	5	102	78.712	2.556
TOTAL.....	34	752	496.537	23.192
TOTAL GÉNÉRAL.......	99	1.698	1.521.745	42.610

On voit que les deux villes de Strasbourg et de Metz ont été séparées des communes qui les entourent : elles ont une administration spéciale. Le conseil municipal y exerce simultané-

(1) Ces chiffres ont été considérablement augmentés depuis 1885.

ment les attributions des conseils municipaux ordinaires et des conseils d'arrondissement.

Le nombre des cantons n'a pas été modifié; ils ne constituent plus une circonscription judiciaire, mais ils correspondent encore aux divisions politiques constituées pour les élections aux conseils de département et d'arrondissement.

En outre, il existe dans chaque canton, un médecin cantonal (*Kantonal artz*), chargé non pas, comme en Allemagne, du service complet de l'assistance publique, mais de certains services spéciaux, épidémies, médecine légale, etc., et un commissaire de police. Toutefois un commissaire de police est, dans certains cas, chargé du service dans deux cantons (appartenant même à deux arrondissements différents).

Les communes du canton de Briey cédées à l'Allemagne ont constitué avec la partie rurale des trois cantons de Metz le canton de Metz campagne.

Les communes détachées des cantons d'Audun et de Longwy ont formé un canton dont le chef-lieu a été fixé à Fontoy.

Enfin les communes provenant du canton de Fontaine ont été rattachées à celui de Dannemarie.

Nous donnons ci-dessous la liste des cantons; les chiffres entre parenthèses indiquent le nombre des communes qui les composent.

LISTE DES CANTONS

HAUTE-ALSACE — Chef-lieu : STRASBOURG.

Arrondissements.	Cantons.
Strasbourg ville. / Strasbourg camp.	8 cantons. Brumath (24). Hochfelden (20). Schiltigheim (18). Truchtersheim (33).
Erstein.	Benfeld (13). Erstein (13). Geispolsheim (15). Obernai (Oberehnheim) (16).
Haguenau.	Bischwiller (Bischweiler) (21). Haguenau (Hagenau) (16). Niederbronn (18).
Molsheim.	Molsheim (18). Rosheim (10). Saales (8). Schirmeck (15). Wasselonne (Wasselnheim) (19).
Saverne.	Bouxwiller (Buchsweiler) (21). Drulingen (26). La-Petite-Pierre (Lützelstein) (22). Marmoutiers (Maursmünster) (25). Saverne (Zabern) (18).
Schlestatt.	Bar (16). Markolsheim (Marktolsheim) (8). Schlestatt (Schlettstadt) (8). Ville (Weiler) (10).
Wissembourg.	Lauterbourg (Lauterburg) (3). Seltz (Sulz) (16). Soultz-sous-Forêts (Sulz-under-Wald) (26). Wissembourg (Weissenburg) (15). Woerth-sur-Sauer (Worth) (21).

BASSE-ALSACE — Chef-lieu : COLMAR.

Arrondissements.	Cantons.
Altkirch.	Altkirch (28). Dannemarie (Dammerkirch) (32). Hirsingue (Hirsingen) (25). Ferrette (Pfirt) (31). Andolsheim (19).
Colmar.	Coln. (?). Neuf-. (15). Neubreisach (Neubreisach) (16). Wintzenheim (Winzenheim) (10).
Guebwiller.	Ensisheim (17). Guebwiller (Gebweiler) (11). Rouffach (Rufach) (8). Soultz (Sulz) (11).
Mulhouse.	Habsheim (16). Hüningue (Hüningen) (23). Landser (?). Mulhouse n. (Mülhausen nord) (7). Mulhouse s. (Mülhausen süd) (8).
Ribeauville.	Kaysersberg (13). La Poutroye (Schnierlach) (5). Ribeauville (Rappoltsweiler) (19). Sainte-Marie-aux-Mines (Mar-kirch) (5).
Thann.	Cernay (Sennheim) (11). Masevaux (Masmünster) (15). Saint-Amarin (16). Thann (11).

LORRAINE — Chef-lieu : METZ.

Arrondissements.	Cantons.
Metz ville / Metz campagne	3 cantons. Metz campagne (Land Canton Metz) (28). Pange (35). Verny (39). Vigy (34).
Boulay.	Boulay (Bolchen) (36). Bouzonville (Busendorf) (32). Faulquemont (Falkenberg) (34). Albestroff (Albersdorf) (36).
Château-Salins.	Château-Salins (31). Delme (33). Dieuze (33). Vic (14).
Forbach.	Forbach (19). Grostenquin (Grostänchen) (32). Sarralbe (Saaralben) (14). Saint-Avold (30).
Sarrebourg.	Fénétrange (Finstingen) (31). Lorquin (Lörchingen) (18). Phalsbourg (Pfalzburg) (36). Réchicourt (Rixingen) (16).
Sarreguemines.	Sarrebourg (35). Bitche (Bitsch) (17). Rohrbach (16). Sarreguemines (Saargemünd) (29). Volmunster (Volmünster) (16).
Thionville.	Cattenom (Kattenhofen) (13). Fontoy (Fentsch) (25). Metzervisse (Metzerwise) (23). Sierk (33). Thionville (Diedenhofen) (21).

Le nombre des communes est passé de 1,693 à 1,698.

9 communes ont été créées :

COMMUNES	CANTONS	
Merkweiler.	Soultz-s-Foréts.	Distraite de Kutzenhausen.
Jungholtz.	Soultz.	— Wuenheim.
Oberwisse.	Boulay.	— Neiderwisse.
Yutz basse. } Yutz haute. }	Thionville.	Communes créées par la séparation de Yutz en deux municipalités.
Rusdorf.	Sierck.	Distraite de Sierck.
Rüssing.	Sierck.	— Launstroff.
Philipsbourg.	Bitche.	—. Baerenthal.
Schweyen.	Volmunster.	— Lutzviller.

D'autre part les 4 communes suivantes ont été supprimées.

COMMUNES	CANTONS	
Salival.	Château-Salins.	réunie à Morville-lès-Vic.
Hellocourt.	Vic.	— Maizières.
Faxe.	Delme.	— Fonteny.
Romécourt.	Réchicourt.	— Azoudange.

Enfin, il y a lieu de signaler le fait qu'un certain nombre de communes ont changé de canton :

Ebermünster passé du canton de Benfeld dans celui de Schlestadt.

Shotzheim — — — — Barr.

Bellefosse }
Belmont }
Bliesbach } — — Villé — Schirmeck.
Urbach }
Salbach }

Schleithal — — Lauterbourg dans celui de Wissembourg.

Oberseebach } passés du canton de Seltz dans celui de Wissem-
Niederseebach } bourg.

Wihr au Val passé du canton de Wintzenheim dans celui de Munster.

Flachslanden passé du canton de Soultz dans celui de Mulhouse Sud.

Kembs passé du canton de Habsheim dans celui de Landser.

Burbach-le-Haut passé du canton de Thann dans celui de Massevaux.

Kontz Haute — — Cattenom dans celui de Sierck.

CHAPITRE II

ORGANISATION POLITIQUE ET ADMINISTRATIVE

L'Alsace-Lorraine constitue un des états formant l'Empire allemand ; toutefois, n'y étant pas entrée, au même titre que les autres, par libre accession, mais par droit de conquête, elle ne jouit pas de tous les droits qui leur appartiennent. La loi du 9 juin 1871 a fait de nos anciens départements un état monarchique dans lequel le pouvoir souverain est exercé par l'empereur d'Allemagne avec le concours du Reichsrath et du Conseil fédéral ; l'Alsace-Lorraine est, comme on l'a fait remarquer, au point de vue de l'Empire, un état en formation. La constitution impériale est applicable depuis le 1er janvier 1874.

L'Alsace-Lorraine est représentée au Reichsrath par quinze députés élus par les circonscriptions suivantes :

CERCLES FORMANT CIRCONSCRIPTION

1. Altkirch Thann.
2. Mulhouse.
3. Colmar.
4. Guebwiller.
5. Ribeauvillé.
6. Schlestadt.

7. Molsheim-Erstein.
8. Strasbourg-Ville.
9. Strasbourg-Campagne.
10. Haguenau-Wissembourg.
11. Saverne.
12. Sarreguemines. Forbach.
13. Boulay. Thionville.
14. Metz-Ville. Metz-Campagne.
15. Sarrebourg. Château-Salins.

L'Alsace-Lorraine n'a pas de représentant au Conseil fédéral, mais le Statthalter peut y envoyer des commissaires avec voix consultative pour représenter les intérêts de l'Alsace-Lorraine dans l'élaboration des lois d'Empire.

RÉGIME LÉGAL. — Le régime légal de tout pays appartenant à l'empire allemand comprend :

1° Les lois d'Empire, destinées à assurer le fonctionnement de celui-ci, à régler les rapports des différents états ; elles sont élaborées par le Reichsrath et le Conseil fédéral ;

2° La constitution établie par chaque état, et qui, pour l'Alsace-Lorraine, pays cédé à l'Empire, lui a été imposée par une loi d'Empire ;

3° La législation particulière à chaque état.

Cette législation particulière, en ce qui concerne l'Alsace-Lorraine, comprend d'abord toutes les lois *françaises* promulguées à la date du 4 août 1870 (date fixée par les Allemands comme point de départ de l'occupation) et qui n'ont pas été modifiées depuis lors par les lois promulguées depuis la conquête.

Sans examiner les différents régimes transitoires par lesquels a passé le régime légal, nous rappellerons que, depuis la loi du 2 mai 1877, l'Alsace-Lorraine a obtenu à ce point de vue une certaine autonomie.

La règle en vigueur est que les lois sont votées sur l'initiative de l'Empereur par une assemblée spéciale, la Délégation d'Alsace-Lorraine (*Landes ausschuss*), soumises à l'approbation du Conseil fédéral et promulguées par l'Empereur. Ainsi, l'Empereur a seul le droit d'initiative et de promulgation sans limitation de temps ; le Conseil fédéral peut, de son côté, arrêter la mise en application d'une loi.

La Délégation aurait pourtant, avec ce système, le pouvoir

d'empêcher une modification à la législation en vigueur qu'elle jugerait mauvaise ; elle ne pourrait évidemment agir, mais elle pourrait empêcher d'agir. Ce droit lui a été enlevé par la loi même de 1877 qui, à côté de ce régime légal normal, a prévu la possibilité d'édicter des lois spéciales à l'Alsace-Lorraine uniquement par un vote du Reichstag, comme s'il s'agissait d'une loi d'Empire.

Enfin, pendant l'absence du Reichstag, l'Empereur peut rendre, en ce qui concerne l'Alsace-Lorraine, des ordonnances ayant force de loi, à la double condition qu'elles ne soient pas contraires à la législation en vigueur et qu'elles soient approuvées par le Reichstag dès la réouverture de sa session.

On voit quelle part très faible d'autonomie a été accordée à l'Alsace-Lorraine.

Le pouvoir réglementaire est exercé par l'Empereur, presque toujours avec le concours du Conseil fédéral.

DÉLÉGATION. — La Délégation d'Alsace-Lorraine n'a, nous venons de le voir, qu'un pouvoir essentiellement restreint : ses attributions, considérables en théorie, peuvent être, du jour au lendemain, réduites à peu de chose par l'application du pouvoir législatif attribué au Reichstag.

Le budget est voté par la Délégation, mais, en cas de refus, ce droit est exercé par le Reichstag.

Les propositions ou projets de lois peuvent être présentés soit par le gouvernement, soit par les membres de la délégation, à la condition, dans ce cas, de réunir sept signatures.

La délégation est composée de cinquante-huit membres élus.

13 par le conseil général de la Basse-Alsace.
10 — — — Haute-Alsace.
11 — — — Lorraine.
 1 par le conseil municipal de Strasbourg.
 1 — — Metz.
 1 — — Colmar.
 1 — — Mulhouse.
20 — à raison de 1 par chaque cercle (1) — par un corps électoral composé de délégués élus par les conseils municipaux.

(1) Dans les cercles de Colmar et de Mulhouse, les communes de Colmar et de Mulhouse, déjà représentées directement par les délégués de leurs conseils municipaux, ne prennent pas part à cette élection.

Le corps électoral est composé d'un délégué du conseil municipal dans chaque commune ayant moins de mille habitants et d'un délégué en plus par chaque millier d'habitants.

ORGANISATION ADMINISTRATIVE CENTRALE. — Le Statthalter est le représentant de l'Empereur : celui-ci peut même lui déléguer tout ou partie des droits souverains qui lui appartiennent.

Il est, d'autre part, le ministre d'Alsace-Lorraine, responsable constitutionnellement comme les autres ministres d'Empire vis-à-vis du conseil fédéral et du Reichstag, possédant toutes les attributions administratives des ministres.

Il est assisté : 1° d'un secrétaire d'Etat (*staatssekretär*), sorte de ministre sans portefeuille, chargé de toutes les affaires relatives à l'Empire, et exerçant une autorité sur les sous-secrétaires d'Etat.

2° D'un ministère composé de quatre sous-secrétaires d'Etat, fonctionnaires d'ordre administratif : Intérieur — Justice et Cultes — Finances et Domaines — Industrie, Agriculture et Travaux publics.

L'administration de l'Instruction publique est confiée au Conseil supérieur des écoles (*Oberschulrath*) (V. Chap. V) et relève du secrétaire d'Etat.

Les affaires militaires sont réglées par le ministre de la guerre prussien. L'Alsace-Lorraine est, à ce point de vue seulement, annexée au Royaume de Prusse.

3° D'un Conseil d'Etat (*Staatsrath*), composé du Statthalter, président, du secrétaire d'Etat, des sous-secrétaires d'Etat, du président de la Cour d'appel et du chef de parquet de cette Cour, de douze conseillers nommés par l'Empereur pour trois ans, parmi lesquels trois doivent être choisis sur une liste de présentation dressée par la délégation (1).

Le Conseil d'Etat a les attributions du Conseil d'Etat français tel qu'il fonctionnait en 1852, mais avec cette différence qu'il n'est pas tribunal de contentieux administratif. (V. chap. IV.)

ORGANISATION DÉPARTEMENTALE. — L'organisation française a

---

(1) Au mois de novembre 1868 sept conseillers étaient pris dans la délégation ; les autres étaient : le chef d'état-major du 15e corps, un professeur de l'Université, deux conseillers généraux, l'un de la Haute-Alsace, l'autre de la Basse-Alsace et un propriétaire de Strasbourg.

été maintenue presque complètement. Le président de département (*Bezirks präsident*) a les attributions de nos préfets : il peut, dans certains cas, recevoir la délégation de pouvoirs appartenant, non seulement aux ministres, mais même au Statthalter, pouvoirs de souveraineté.

Le conseil de préfecture (*Bezirksrath*) est composé de conseillers chargés uniquement de ce service et de fonctionnaires nommés par l'Empereur. Le directeur des contributions et le chef de service des forêts en sont membres de droit.

Le conseil général (*Bezirkstag*) a la composition, les attributions qui existaient en France antérieurement à la loi de 1871. Il y a un conseiller général par canton.

ORGANISATION DE L'ARRONDISSEMENT. — Ici encore, il n'y a à signaler aucune modification autre que l'extension donnée aux attributions du successeur de nos sous-préfets, le directeur de cercle (*Kreisdirektor*). Il est en effet substitué au préfet pour la nomination et la révocation des gardes champêtres, certaines décisions à prendre en matière de voirie, d'approbation de décisions des conseils municipaux, etc. Ses décisions peuvent d'ailleurs toujours être attaquées devant le président de département.

Le Conseil d'arrondissement (*Kreistag*) a conservé sa composition et ses attributions.

ORGANISATION COMMUNALE. — L'organisation communale est restée presque complètement la même qu'avant l'annexion : ce sont en général nos anciennes lois de 1837, 1855 et 1867 qui régissent le fonctionnement de la vie communale. Il n'y a guère lieu de signaler que les modifications suivantes :

1° Quelques légers changements dans le régime électoral ;

2° La substitution du *Kreisdirektor* au préfet pour l'approbation des délibérations du conseil municipal :

3° L'autorisation des emprunts dans tous les cas par une ordonnance au lieu d'une loi ;

4° Le mode de nomination des maires. C'est là le point le plus important : le gouvernement allemand s'étant trouvé en présence de certaines communes où il jugeait nécessaire de placer un représentant de ses idées et n'en trouvant naturellement pas dans le conseil municipal, a fait voter en 1887 une loi permettant de confier les fonctions de maire à une personne quelconque prise en dehors du conseil. Le maire est nommé pour cinq ans et doit remplir gratuitement ces fonctions spéciales. Ce sont en général des fonctionnaires qui sont ainsi appelés à diriger les municipalités ; on les désigne sous le nom de maires de carrière.

La liste des communes d'Alsace-Lorraine, publiée en novembre 1888, signale, en dehors des chefs-lieux de canton, dix-sept communes dans lesquelles le gouvernement a usé de ce droit ; elle ne permet pas de constater, pour les chefs-lieux de canton, ceux dans lesquels le maire a été pris en dehors du conseil municipal : à Strasbourg, le maire est un sous-secrétaire d'État ; à Metz et à Mulhouse, c'est le *Kreisdirektor*.

POLICE. — Nous avons indiqué qu'il existe en général dans chaque canton un commissaire de police ; le chiffre total en est de 69. Il existe en outre 6 commissaires spéciaux pour la police des chemins de fer (*Grenz polizei Kommissäre*) dans les gares communes avec les lignes françaises : à Fontoy, Noveant, Amanvillers, Chambrey, Deutsch Avricourt et Montreux-Vieux.

Enfin, dans les trois villes de Strasbourg, Mulhouse et Metz, on a constitué une direction de police, à la tête de laquelle est un directeur ; ces fonctions sont remplies à Mulhouse par le directeur du cercle. Le directeur de police est substitué au maire pour prendre les arrêtés réglementaires de police municipale.

CHAPITRE III

Organisation militaire. — Corps d'occupation. — Gendarmerie

Le recrutement allemand est régional mais ce principe n'est pas appliqué à l'Alsace-Lorraine. Le territoire de l'Empire est divisé en 19 districts de corps d'armée.

Il semble qu'il n'existe plus depuis 1889 de régiments de landwehr sauf pour la garde.

La landwehr (ou armée territoriale) est divisée en bataillons rattachés à des brigades de l'armée active. Les districts de landwehr (*landwehr bezirke*) en Alsace-Lorraine, sont les suivants :

CORPS D'ARMÉE	BRIGADES	DISTRICTS de Landwehr	ARRONDISSEMENTS compris dans chaque district
XV°	61° Strasbourg.	Strasbourg	Strasbourg (ville et campagne).
		Molsheim	Molsheim, Saverne (sauf 2 cantons).
		Schlestadt......	Erstein, Schlestadt.
	62° Haguenau.	Sarreguemines .	Sarreguemines, Sarrebourg. Saverne (Cantons de Sarre-Union et Drulingen).
		Haguenau	Wissembourg, Haguenau.
XVI°	60° Metz.	Thionville......	Thionville, Boulay.
		Metz	Metz (ville et campagne).
		Forbach........	Château-Salins, Forbach.
XIV° (badois.)	57° Fribourg. (G. duché de Bade.)	Colmar.........	Colmar, Ribeauvillé. Plus 2 districts du grand-duché de Bade.
	58° Mulhouse.	Mulhouse	Mulhouse, Altkirch.
		Guebwiller	Guebwiller, Thann. Plus 2 districts du grand-duché de Bade.

TROUPES D'OCCUPATION. — L'Alsace-Lorraine est occupée par les 15° et 16° corps d'armée allemands (1), une partie du 14° corps, et en outre quelques corps de troupe détachés des corps Saxon (12°), Wurtembergeois (13°) et 2° Bavarois; l'effectif de paix comprend 67 bataillons, 54 escadrons, 33 batteries d'artillerie de campagne. En ajoutant à ces troupes l'artillerie de forteresse, les troupes du génie, etc., on arrive à un effectif de 65,000 hommes environ.

Les garnisons actuelles sont les suivantes :

BASSE-ALSACE	Strasbourg	5 régiments d'infanterie, 1 régiment de cavalerie, 1 régiment, (3 groupes) (2) d'artillerie, 1 régiment d'artillerie à pied, 4 bataillons du génie, 1 bataillon du train.
	Wissembourg...	2 bataillons d'infanterie.
	Haguenau	1 régiment d'infanterie, 1 régiment de cavalerie, 3 groupes d'artillerie de campagne.
	Saverne	1 bataillon d'infanterie.
	Schlestadt......	1 bataillon de chasseurs.
	Bischwiller......	1 groupe d'artillerie.

---

(1) Le 15° corps d'armée allemand (Strasbourg) comprend :

La 30° division (Strasbourg) : 59° brigade (Sarrebourg), 1 régiment à Sarrebourg, 1 à Dieuze.
60° brigade (Strasbourg), 3 régiments, 2 à Strasbourg, 1 à Phalsbourg et Saverne.

La 31° division : 61° brigade (Strasbourg), 3 régiments à Strasbourg.
62° brigade (Haguenau), 1 régiment à Haguenau, 1 à Bitche et Wissembourg.
30° brigade de cavalerie (Sarrebourg), 3 régiments, 2 à Sarrebourg, 1 à Sarreguemines, sauf 1 escadron à Deux-Ponts.
31° brigade de cavalerie (Strasbourg), 2 régiments, 1 à Strasbourg, 1 à Haguenau.
1 bataillon du génie, 1 bataillon du train.
15° brigade d'artillerie (Strasbourg), 1 régiment à Strasbourg, 1 à Haguenau.

Le 16° corps d'armée allemand (Metz) comprend :
La 33° division (Metz) : 65° brigade (Morhange), 2 régiments à Morhange. (Provisoirement à Sarreguemines et Forbach.)
66° brigade (Metz), 2 régiments à Metz.
33° brigade de cavalerie (Metz), 2 régiments à Metz.
La 34° division (Metz) : 67° brigade (Metz), 3 régiments, 2 à Metz, 1 à Thionville.
Brigade bavaroise (Metz), 2 régiments à Metz.
34° brigade de cavalerie (Metz), 2 régiments, 1 à Thionville, 1 à Saint-Avold et Faulquemont.
16° brigade d'artillerie (Metz), 1 bataillon du génie, 1 compagnie du train.

Le 14° corps d'armée détache :
59° brigade d'infanterie (Mulhouse), 2 régiments à Mulhouse sauf 1 bataillon à Neufbrisach.
4 bataillons de chasseurs à pied, 3 à Colmar, 1 à Schlestadt. (2 des bataillons de Colmar vont être envoyés à Altkirch et à Sainte-Marie-aux-Mines.)
29° brigade de cavalerie (Colmar), 1 régiment à Colmar, 1 à Mulhouse.

Il faut ajouter à ces effectifs 3 régiments, 1 bataillon et une compagnie d'artillerie de forteresse.

À ces troupes s'ajouteront à partir du 1er octobre, 1 régiment d'infanterie, 1 régiment de cavalerie, 4 groupes d'artillerie et 2 compagnies du train.

(2) Le groupe (abtheilung) d'artillerie est formé de trois batteries.

HAUTE-ALSACE..	Colmar.........	3 bataillons de chasseurs, 1 régiment de cavalerie.
	Mulhouse.......	2 régiments d'infanterie moins un bataillon, 1 régiment de cavalerie.
	Neufbrisach	1 bataillon d'infanterie, 1 groupe d'artillerie, 1 compagnie d'artillerie à pied.
LORRAINE.....	Metz...........	6 régiments d'infanterie, 2 régiments de cavalerie, 3 groupes d'artillerie, 1 bataillon du génie, 1 compagnie du train, 2 régiments et 1 bataillon d'artillerie à pied.
	Thionville	1 régiment d'infanterie, 1 régiment de cavalerie, 1 compagnie d'artillerie à pied.
	Morhange.......	2 régiments d'infanterie.
	Faulquemont ...	1 escadron de cavalerie.
	Sarrebourg.....	1 régiment d'infanterie, 2 régiments de cavalerie.
	Saint-Avold.....	4 escadrons de cavalerie, 1 groupe d'artillerie.
	Dieuze.........	1 régiment d'infanterie.
	Sarreguemines..	4 escadrons de cavalerie.
	Phalsbourg.....	2 bataillons d'infanterie.
	Bitche..........	1 bataillon d'infanterie.
	Forbach........	provisoirement 2 bataillons d'infanterie de Morhange; plus tard le train du 16e corps.

PLACES FORTES. — Un certain nombre de nos petites places fortes, Marsal, Phalsbourg, la Petite-Pierre, Lichtenberg, Haguenau, Wissembourg, Lauterbourg, Schlestadt, ont été déclassées et démantelées; mais on sait quel développement considérable a été donné aux fortifications de Strasbourg et de Metz. En outre, Thionville, Bitche et Neufbrisach ont conservé leurs fortifications auxquelles on a apporté quelques améliorations.

GENDARMERIE. — La gendarmerie est divisée en 5 arrondissements et 21 sections, en outre d'une brigade existant à Strasbourg.

SECTIONS	NOMBRE DE POSTES
1er arrondissement. Strasbourg, Schiltigheim, Schlestadt, Molsheim. Erstein, Benfeld.	49
2e arrondissement. (Haguenau), Haguenau, Wissembourg, Saverne, Rohrbach.	31
3e arrondissement. (Colmar), Colmar, Guebwiller, Cernay, Sierentz, Altkirch.	44
4e arrondissement. Gietz, Metz (2 sections), Thionville, Boulay.	49
5e arrondissement. Sarrebourg, Sarrebourg, Château-Salins, Saint-Avold.	30

Comme on le voit, cette division ne correspond en rien à celle des arrondissements ou même des départements.

Cette gendarmerie constitue un corps spécial à l'Alsace-Lorraine, payé par le budget de cet Etat, et non pas, comme l'armée, par le budget impérial.

Le nombre des gendarmes a été, en 1882, lors du vote du budget, porté de 371 (146 à cheval, 225 à pied) à 410.

Grâce à cette augmentation, on a pu créer 14 postes nouveaux, en outre 6 postes ont été déplacés : la plupart des 20 créations ont été faites à proximité de la frontière française.

CHAPITRE IV

ORGANISATION JUDICIAIRE. — SERVICE PÉNITENTIAIRE

L'organisation judiciaire est celle qui résulte de la loi d'Empire du 27 janvier 1877 applicable à toute l'Allemagne.

L'Alsace-Lorraine forme le ressort de la cour d'appel (1) (*Oberlands gericht*) de Colmar.

La cour d'appel se compose de 3 chambres (*Senate*).

Les recours en cassation sont portés devant le tribunal de l'Empire siégeant à Leipzig; ce tribunal est chargé également de l'instruction et du jugement dans les cas de haute trahison ou de trahison envers l'Empereur ou l'Empire.

Les assises se tiennent à Strasbourg, Colmar et Metz.

Le nombre des tribunaux de première instance (*Landgerichte*) a été notablement réduit, il n'est plus aujourd'hui que de 6, correspondant aux ressorts suivants.

ARRONDISSEMENTS

—

Strasbourg.	Strasbourg-Ville, Strasbourg-Campagne, Haguenau, Wissembourg et Erstein (moins le canton d'Obernai).

(1) Nous désignons, pour plus de simplicité, les juridictions allemandes par les titres des juridictions françaises correspondants: les titres exacts sont ceux de: tribunal de bailliage (*Amtsgericht*), tribunal régional (*Landgericht*), tribunal régional supérieur (*Oberlandgericht*), tribunal de l'Empire (*Reichsgericht*).

ARRONDISSEMENTS

—

Saverne.	Saverne (moins les cantons de Drulingen et Saar-Union), Molsheim, Sarrebourg. Canton d'Obernai (arrondissement d'Erstein).
Colmar.	Colmar, Schlestadt, Guebwiller, Ribeauvillé.
Mulhouse.	Mulhouse, Altkirch, Thann.
Metz.	Metz-Ville, Metz-Campagne, Boulay (moins le canton de Faulquemont), Château-Salins (moins le canton d'Albestroff), Thionville.
Sarreguemines.	Sarreguemines, Forbach. Canton de Faulquemont (arrondissement de Boulay). Canton d'Albestroff (arrondissement de Château-Salins). Cantons de Drulingen et de Saar-Union (arrondissement de Saverne).

Les tribunaux anciens de Wissembourg, Schlestadt, Château-Salins, Sarrebourg, Thionville ont été supprimés, mais le nombre des juges de chaque siège est plus élevé qu'autrefois. On compte pour les 6 tribunaux 17 chambres.

Ainsi que nous l'avons fait remarquer, les circonscriptions judiciaires sont complètement indépendantes des circonscriptions administratives; certains cantons sont rattachés au tribunal d'un autre arrondissement et même d'un autre département. Ce principe se retrouve dans la détermination des circonscriptions des justices de paix (*Amtsgerichte*); pour 90 cantons, il y a seulement 90 juges de paix (*Amtsrichtern*). Certains cantons sont annexés à d'autres: quelques-uns constituent des groupes dans lesquels les juges de paix, en nombre égal, inférieur ou supérieur à celui des cantons, se partagent le service; deux cantons enfin sont divisés.

Cantons n'ayant pas de justice de paix :

Erstein	réuni à	Benfeld.
Seltz	— à	Lauterbourg.
Réchicourt	— à	Lorquin.
Saales	— à	Schirmeck.

Groupes cantonaux :

Strasbourg.	6 juges de paix pour les 8 cantons urbains.	
Colmar.	3 — —	pour les 3 cantons de Colmar, Wintzenheim, Andolsheim (moins 2 communes).

Mulhouse.	5	—	— pour les 3 cantons de Mulhouse-Nord, Mulhouse-Sud, Habsheim.
Metz.	5	—	— pour les 3 cantons urbains et les 4 cantons de Metz-Campagne, Pange, Verny, Vigy.
Thionville.	3	—	— pour les 4 cantons de Thionville, Fontoy, Cattenom, Metzerwisse.

Cantons divers :

Les communes de Rûnheim et de Widensolen du canton d'Andolsheim sont rattachées à la justice de paix de Neufbrisach.

Le canton de Volmünster est partagé entre les justices de paix de Bitche (11 communes) et de Rohrbach (4 communes).

Les magistrats sont nommés par le Statthalter après examen devant une commission composée de professeurs de l'Université.

Les juges de paix statuent seuls en matière civile, mais en matière pénale (contraventions et délits punis au maximum d'un emprisonnement de trois mois) ils sont assistés de deux échevins, pour constituer le tribunal échevinal (*Schöffengericht*).

Les échevins sont choisis parmi les habitants notables, par une commission composée du juge de paix, d'un fonctionnaire administratif et de sept délégués élus par les habitants.

OFFICIERS MINISTÉRIELS, NOTAIRES, ETC. — Les charges des officiers ministériels ne sont plus vénales : c'est la seule modification essentielle apportée à leur organisation. Des règlements nouveaux ont fixé les conditions d'aptitude et de nomination ainsi que les tarifs.

Les notaires, qui ont conservé les mêmes attributions qu'autrefois, ne sont nommés qu'après examen passé devant une commission siégeant à Strasbourg et composée par moitié de magistrats et de notaires.

Les avocats ont conservé leur rôle ancien, mais prêtent le même serment que les fonctionnaires.

JUSTICE ADMINISTRATIVE. — Chaque conseil de préfecture a été remplacé par un conseil de département (*Bezirksrath*) composé du président de département et de quelques fonctionnaires; les attributions des conseils ont été réduites. Il est appelé de leurs décisions devant le conseil Impérial, présidé par le secrétaire d'État et composé de 9 conseillers : ce conseil a les pouvoirs de notre Conseil d'État au contentieux sauf ceux relatifs au droit d'interprétation et à celui d'annulation.

JUSTICE CONSULAIRE. — La justice commerciale est exercée à Saverne, Metz et Sarreguemines, par la chambre civile du tribunal de première instance ; à Strasbourg, Colmar, Mulhouse, il est constitué, dans chaque tribunal, une chambre spéciale composée d'un juge du tribunal, président, et de deux assesseurs commerçants : ces assesseurs sont nommés par l'Empereur.

CONSEILS DES PRUD'HOMMES. — On a supprimé les conseils de prud'hommes de Colmar et de Bischwiller. Il n'en reste plus que 5, à Strasbourg, Mulhouse, Thann, Sainte-Marie-aux-Mines et Metz.

CHAMBRES DE DISCIPLINE DES FONCTIONNAIRES. — Le gouvernement allemand a introduit en Alsace-Lorraine les chambres de discipline des fonctionnaires. Ceux-ci, en effet, ne sont pas, comme en France, passibles de révocation sur la simple décision de leurs chefs, qui n'ont le droit d'infliger que le changement d'emploi sans rétrogradation et la suspension des fonctions.

La révocation ou la privation d'emploi ne peuvent être prononcées que par un véritable tribunal, dit chambre de discipline (*Disziplinar Kammer*); les jugements ainsi rendus peuvent être frappés d'appel devant la cour de discipline (*Disziplinar hof*) de l'Empire siégeant à Leipzig.

Il y a en Alsace-Lorraine : 1° trois chambres de discipline, une au chef-lieu de chaque département, pour les fonctionnaires de l'Alsace-Lorraine; 2° une à Strasbourg pour les fonctionnaires de l'Empire allemand en service en Alsace-Lorraine. Chaque chambre est présidée en général par le président du tribunal de première instance (pour la chambre des fonctionnaires de l'Empire, le président de la cour d'appel) et composée de magistrats et de fonctionnaires.

SERVICE PÉNITENTIAIRE. — Les travaux forcés et la réclusion sont subis dans les maisons centrales d'Ensisheim pour les hommes, et de Haguenau pour les femmes.

Il existe en outre à Ensisheim un quartier correctionnel pour les hommes condamnés à plus de 3 ans de prison ; à Haguenau un quartier correctionnel pour les femmes condamnées à plus de 4 mois de prison.

Les peines d'emprisonnement inférieures à cette durée sont subies dans les 6 prisons départementales placées dans les chefs-lieux de tribunaux de première instance.

Il existe, à Metz et à Strasbourg, des maisons d'arrêt et de justice ; les prisons départementales en tiennent lieu près des quatre autres tribunaux.

Une maison de correction pour les jeunes garçons a été créée à Haguenau ; les anciennes colonies agricoles ont été supprimées.

Enfin, une maison de travail à Phalsbourg a une destination analogue à celle de nos dépôts de mendicité.

CHAPITRE V

ORGANISATION DE L'INSTRUCTION PUBLIQUE

ENSEIGNEMENT SUPÉRIEUR. — L'enseignement supérieur est donné par l'Université de Strasbourg (*Kaiser Wilhelms Universität Strassburg*), établissement de l'État d'Alsace-Lorraine, mais constitué sur le même pied que les universités allemandes, recevant de l'Empire une subvention considérable et échappant à la direction du conseil supérieur des Écoles. Elle comprend cinq facultés (Théologie, — Droit, — Médecine, — Philosophie, — Sciences). La faculté de théologie s'applique uniquement à la religion évangélique. La faculté de philosophie comprend les cours de nos facultés de lettres, avec un très grand développement. A l'Université sont annexés, sous le titre d'instituts, de séminaires, de cliniques, des cours annexes. Le nombre total des professeurs est de 115, y compris les *privat docenten*.

CONSEIL SUPÉRIEUR DES ÉCOLES. — Le contrôle et la direction de l'enseignement secondaire et de l'enseignement primaire (1) sont confiés à un conseil supérieur des écoles (*oberschulrath*) créé par l'ordonnance du 21 avril 1882. Ce conseil est composé du secrétaire d'État, président, d'un conseiller de ministère, directeur, et de sept membres ordinaires (trois nommés par l'Empereur, le président de la Commission d'examen et des délégués des trois

_____

(1) Sauf en ce qui concerne les établissements d'enseignement spéciaux agricoles ou industriels.

conseils départementaux de l'enseignement). En outre le Statthalter peut appeler à prendre part aux travaux du conseil, des professeurs de l'Université, des membres de l'enseignement secondaire ou même d'autres personnes compétentes.

Le conseil exerce son action sur toutes les écoles, mais, en ce qui concerne celles d'un caractère entièrement local (Ecoles moyennes, écoles de perfectionnement, écoles élémentaires, écoles des petits enfants), il n'agit que pour connaître des recours contre les décisions du président du département. Il est chargé de l'élaboration des programmes, des questions relatives à l'ouverture et à la fermeture des écoles, à la nomination des professeurs et directeurs.

ENSEIGNEMENT SECONDAIRE. — A notre enseignement secondaire, les Allemands ont substitué le titre d'enseignement supérieur, en rangeant dans cette catégorie d'établissements : les gymnases, les progymnases, les écoles techniques et les classes préparatoires à ces divers établissements — correspondant à nos lycées, collèges et écoles d'enseignement secondaire spécial. Les uns et les autres ont le caractère d'établissements publics. Tous relèvent également de l'État et voient leurs ressources assurées de la même manière par l'Etat et par la commune. L'Etat paye tous les frais du personnel et de l'entretien des élèves ; les communes, tous ceux de construction et d'entretien des bâtiments, d'achat ou d'entretien du mobilier scolaire.

Les établissements existant sont les suivants :

Lycée (*Lyzeum*) comprenant un gymnase et une école technique......................	Colmar. Metz. Strasbourg.
Gymnase (*Gymnasium*), instruction classique complète......................	Bischwiller. Haguenau. (avec classes d'enseignement technique) Mulhouse. Sarrebourg. Sarreguemines. (avec classes d'enseignement technique) Schlestadt. Wissembourg. Saverne.
Progymnase (*Progymnasium*). On n'y donne pas l'enseignement correspondant aux dernières années du plan d'études......................	Altkirch. Bouxwiller. Thionville. Obernai. Phalsbourg. Thann.
École de latin (*Lateinschule*)..................	Château-Salins.
École technique supérieure (*Realprogymnasium*)..	Guebwiller. Sainte-Marie-aux-Mines.

École technique (*Realschule*).................	Barr. Forbach. Metz. Munster. Ribeauvillé. Strasbourg (2 écoles). Wasselonne.
École industrielle (*Gewerbeschule*).............	Mulhouse.

ENSEIGNEMENT PRIMAIRE. — L'enseignement primaire, actuellement désigné sous le titre d'Enseignement inférieur, comprend :

Les Écoles normales { (*Lehrerseminar*).
{ (*Lehrerinnenseminar.*)

Les Écoles préparatoires (*Präparandenschule*).

Les Écoles supérieures de filles (*Höhere Mädchenschule*).

* Les Écoles moyennes.
* Les Écoles de perfectionnement.
* Les Écoles élémentaires.
* Les Écoles de petits enfants.

Enfin les institutions de sourds et muets.

Le conseil supérieur (ou le président du département, pour les établissements indiqués par un astérisque) statue sur l'ouverture ou la fermeture des écoles, la nomination des directeurs et des intituteurs, les autorisations d'enseigner.

Il existe en outre, dans chaque département, un conseil départemental appelé à émettre un avis sur l'état des écoles, leurs budgets et leurs comptes, les réformes à introduire, le prix de l'écolage, etc.

L'instruction primaire est obligatoire mais n'est pas gratuite. Aucune école libre ne peut être ouverte sans la permission de l'Etat. Tous les établissements scolaires doivent se conformer au programme d'études arrêté par l'Etat. C'est là certainement une des mesures les plus graves tentées par le gouvernement allemand en vue de transformer l'union légale en une véritable fusion.

Il existe :

6 Écoles normales d'instituteurs	Strasbourg, Obernai, Colmar (2 écoles), Metz, Phalsbourg.
3 Écoles normales d'institutrices	Strasbourg, Schlestadt, Beauregard.
4 Écoles préparatoires.........	Neudorf, Lauterbourg, Colmar, St-Avold.
16 Écoles supérieures de filles..	Bischwiller, Haguenau, Strasbourg, Wissembourg, Saverne, Colmar, Guebwiller, Sainte-Marie-aux-Mines, Mulhouse, Ribeauvillé, Thann, Thionville, Metz, Phalsbourg, Sarrebourg, Sarreguemines.
3 Institutions de sourds et muets	Metz (appartenant à l'Etat). Guebwiller (catholique). Strasbourg (protestant).

CHAPITRE VI

ORGANISATION RELIGIEUSE

CULTE CATHOLIQUE. — Antérieurement à 1871, les territoires cédés à l'Allemagne relevaient, au point de vue ecclésiastique, des évêchés de Metz, Nancy, Saint-Dié, Strasbourg et de l'archevêché de Besançon.

La situation résultant de la cession de territoire a été régularisée par deux décrets consistoriaux des 10 et 14 juillet 1873 et un protocole du 7 octobre 1874.

Il existe actuellement deux évêchés à Metz et à Strasbourg, chacun d'eux relevant directement du Saint-Siège. On ne pouvait, en effet, les rattacher à un siège archiépiscopal situé dans un autre pays et on ne voulait pas créer un nouvel archevêché. L'évêché de Metz comprend la Lorraine, celui de Strasbourg la Basse-Alsace et la Haute-Alsace.

Le nombre des cures a été un peu augmenté : on en compte actuellement 135 pour les 99 cantons, il n'en existe pas dans le canton de Woerth. Quant au nombre des desservants, il est de 1,188 ; au total 1,323 paroisses.

Le tableau suivant indique, par arrondissement, le nombre de curés et de desservants.

ARRONDISSEMENTS	NOMBRE de curés	NOMBRE de desservants	NOMBRE de paroisses	NOMBRE de communes	POPULATION catholique
Strasbourg-Ville..............	9	»	9	1	53.995
Strasbourg-Campagne........	4	51	55	102	42.531
Erstein.....................	5	32	37	59	48.805
Haguenau...................	6	35	41	58	66.805
Molsheim...................	6	53	59	70	55.961
Schlestadt.................	8	51	59	63	59.085
Wissembourg...............	4	45	49	85	36.009
Saverne....................	6	50	56	134	36.015
TOTAL pour la Basse-Alsace.....	48	317	365	561	379.811
Altkirch...................	4	81	85	116	49.430
Colmar....................	8	33	41	62	53.830
Guebwiller................	6	42	48	47	59.211
Mulhouse..................	10	63	73	75	119.631
Ribeauvillé...............	7	26	33	32	49.881
Thann....................	4	40	44	53	57.933
TOTAL pour la Haute-Alsace.....	39	288	327	385	389.968
Metz-Ville................	7	»	7	1	37.427
Metz-Campagne............	6	103	109	153	69.098
Boulay....................	3	76	79	100	41.421
Château-Salins...........	5	100	105	132	45.699
Forbach...................	8	73	81	85	69.078
Sarrebourg................	6	80	86	105	51.554
Sarreguemines............	6	59	65	73	57.002
Thionville................	7	92	99	102	77.013
TOTAL pour la Lorraine........	48	583	631	752	449.196
TOTAL GÉNÉRAL.............	135	1188	1323	1698	1.210.267

Il existe un séminaire à côté de chacun des évêchés et une école de théologie à Metz.

CULTE PROTESTANT. CONFESSION D'AUGSBOURG. — L'ancien consistoire supérieur de Strasbourg a été maintenu, mais son action ne s'exerce plus que sur l'Alsace-Lorraine. Le nombre des inspections a été porté, en 1876, de 6 à 7 par la création de l'inspection de Saint-Guillaume à Strasbourg. Les chefs-lieux d'inspections sont les suivants :

Temple neuf à Strasbourg.........	5	consistoires
Saint-Thomas à Strasbourg	7	—
Saint-Guillaume à Strasbourg....	5	—
Bouxwiller....................	5	—
La Petite-Pierre..............	6	—
Wissembourg..................	6	—
Colmar	5	—

CULTE RÉFORMÉ. — Le consistoire de Strasbourg a autorité sur tout l'ensemble du territoire d'Alsace-Lorraine et il dirige l'instruction et les examens aux emplois de ministre.

Les cinq consistoires ont conservé les circonscriptions telles qu'elles avaient été fixées par le décret du 10 novembre 1852.

Ste-Marie-aux-Mines.	7 paroisses...	Cantons de Sainte-Marie-aux-Mines, Ribeauvillé, La Poutroye, Kaysersberg, Andolsheim.
Bischwiller.......	5 —	Ancien arrondissement de Wissembourg, cantons de Bischwiller, Haguenau et Brumath.
Strasbourg.........	9 —	Anciens arrondissements de Schlestadt, Saverne et Strasbourg, sauf les cantons rattachés à Bischwiller.
Metz...............	8 —	Parties devenues allemandes des départements de la Moselle et de la Meurthe.
Mulhouse...........	7 —	Partie devenue allemande du département du Haut-Rhin, à l'exception des cantons relevant de Sainte-Marie-aux-Mines.

Il existe près de la faculté de théologie protestante, un internat pour les étudiants en théologie qui se préparent au ministère religieux; cet internat porte le nom de *Collegium Wilhelmitanum*. Les élèves passent des examens de sortie devant deux commissions composées : l'une de professeurs de la faculté, l'autre de pasteurs des églises luthériennes et calvinistes.

CULTE ISRAÉLITE. — Il existe trois consistoires, un par département, siégeant au chef-lieu. Le consistoire de Strasbourg compte 19 rabbins, celui de Colmar (ancien consistoire de Wintzenheim), 21 et celui de Metz, 3.

RÉPARTITION DE LA POPULATION ENTRE LES DIFFÉRENTES RELIGIONS. — Le recensement allemand de 1885 donne, comme les recensements français anciens, la religion attribuée aux habitants; le tableau suivant fait connaître les chiffres comparatifs en 1866 et en 1885. L'arrivée des *Vieux Allemands* a notablement augmenté la part afférente aux protestants.

RELIGIONS	EN 1866 (1)	EN 1885	POUR CENT	
			EN 1866	EN 1885
Catholiques....................	1.305.000	1.210.297	82	78
Protestants....................	230.000	312.911	15	20
Israélites.....................	44.000	35.876	3	2
Autres religions	4.000	3.805	»	»
Sans religion	»	436	»	»
TOTAL..........	1.591.000	1.564.355		

(1) Ces chiffres sont approximatifs en raison des fractions d'arrondissements qui ont été cédées à l'Allemagne, mais ils indiquent assez exactement la répartition en 1866.

CHAPITRE VII

Organisation financière.—Contributions directes et indirectes.

Banques. — Crédit foncier

Caisse centrale. — Il n'existe plus en Alsace-Lorraine ni trésorier-payeur général, ni receveur particulier chargé de centraliser les différents impôts et de faire face aux dépenses ; les recettes, de quelque nature qu'elles soient, sont versées dans une caisse centrale (*Landes haupt Kasse*) établie à Strasbourg. Le trésorier (*Landrent meister*) reçoit par la poste ou par le chemin de fer, tous les fonds encaissés, soit au compte de l'Empire, soit au compte de l'Alsace-Lorraine, et fait les envois de fonds nécessaires pour assurer le payement des dépenses par les différentes caisses. Les percepteurs des contributions directes sont, en général, chargés du service de payeur, mais ces attributions sont également remplies par les receveurs des contributions indirectes et des douanes, des postes, etc.

Contributions directes. — Le double service de l'assiette de l'impôt, du cadastre et de la perception est placé sous la direction d'un seul chef, le directeur des contributions directes, résidant à Strasbourg. Il a sous ses ordres deux séries d'agents spéciaux.

1° Pour l'assiette de l'impôt et le cadastre : trois inspecteurs des contributions directes, et dans chaque arrondissement deux contrôleurs (1) de l'assiette de l'impôt (*steuerkontrolör*), au total pour toute l'Alsace-Lorraine, 46 fonctionnaires au lieu de 44 autrefois;

2° Pour la perception de l'impôt, 2 inspecteurs des caisses à Strasbourg et un contrôleur des caisses dans chaque arrondissement. La surveillance des percepteurs est plus solidement établie qu'en France, où les receveurs particuliers ont des arrondissements en général beaucoup plus importants que ceux de l'Alsace-Lorraine et sont en outre chargés d'un service de caisse, tandis qu'en Alsace-Lorraine les contrôleurs de caisse n'ont qu'un rôle d'inspection à remplir.

Le nombre et les circonscriptions de perception (*Steuerempfangs bezirke*) ont été notablement modifiés depuis 1871; au lieu de 235 perceptions, on en compte actuellement 160 seulement. Les résidences des contrôleurs de l'assiette et des percepteurs (*rentmeistern*) sont les suivantes :

ARRONDISSEMENTS.	RÉSIDENCE des contrôleurs de l'assiette.	RÉSIDENCE des percepteurs.	
Strasbourg-ville.	2 à Strasbourg.	2 à Strasbourg.	
Strasbourg-camp.	Strasbourg.	Brumath.	12 communes du canton de Brumath.
	Brumath.	Hochfelden 1.	15 — de Hochfelden.
		Hochfelden 2.	15 — de Hochfelden.
		Wiwersheim.	16 — de Truchtersheim.
		Strasbourg 3.	11 communes du canton de Schiltigheim.
		Strasbourg 4.	7 — de Schiltigheim.
		Strasbourg 5.	9 — de Brumath.
		Truchtersheim.	17 — de Truchtersheim.
Erstein.	Obernai.	Benfeld.	7 communes du canton de Benfeld.
	Erstein.	Erstein.	11 — d'Erstein, 2 du canton de Geispolsheim.
		Illkirch Grafenstadt.	12 communes du canton de Geispolsheim (résidence à Strasbourg).
		Obernai.	Le canton d'Obernai.
		Rheinau.	6 communes du canton de Benfeld et 2 du canton d'Erstein.
Haguenau.	Haguenau.	Bischwiller.	5 communes du canton de Bischwiller.
	Bischwiller.	Drusenheim.	7 — de Bischwiller.
		Röschwoog.	9 — de Bischwiller.
		Haguenau 1.	7 — d'Haguenau.
		Haguenau 2.	9 — d'Haguenau.
		Niederbronn.	6 — de Niederbronn.
		Walk.	15 — de Niederbronn.

(1) Il n'y a qu'un seul contrôleur pour le cercle de Metz-Ville ; il existe 3 contrôles à Mulhouse et à Metz-Campagne.

ARRONDISSE-MENTS	RÉSIDENCE des contrôleurs de l'assiette.	RÉSIDENCE des percepteurs.	
Molsheim.	Molsheim. Schirmeck.	Molsheim.	9 communes du canton de Molsheim.
		Mutzig.	9 — —
		Rosheim 1.	5 — de Rosheim.
		Rosheim 2.	5 — —
		Saales.	7 — de Saales et 5 du canton de Schirmeck.
		Schirmeck.	1 — de Saales et 10 du canton de Schirmeck.
		Wasselonne.	10 communes du canton de Wasselonne.
		Westhoffen.	9 — —
Saverne.	Saverne.	Bouxwiller.	12 communes du canton de Bouxwiller et 2 du canton de la Petite-Pierre.
	Saarunion.	Ingwiller.	9 communes du canton de Bouxwiller et 1 du canton de la Petite-Pierre.
		La Petite-Pierre	16 communes du canton de la Petite-Pierre.
		Dettwiller.	10 communes du canton de Saverne.
		Saverne.	8 — —
		Drulingen 1.	17 — de Drulingen.
		Drulingen 2.	13 — —
		Marmoutiers 1.	11 — de Marmoutiers.
		Marmoutiers 2.	15 — —
		Saarunion.	Le canton de Saarunion.
Schlestadt.	2 à Schlestadt.	Barr.	9 communes du canton de Barr.
		Dambach.	7 — de Barr et 1 du canton de Schlestadt.
		Marckolsheim.	7 communes du canton de Marckolsheim.
		Mutterholtz.	7 — —
		Sundhausen.	7 — —
		Schlestadt 1.	4 — de Schlestadt.
		Schlestadt 2.	3 — —
		Villé 1.	9 — de Villé.
		Villé 2.	9 — —
Wissembourg.	Wissembourg.	Lauterbourg.	Le canton de Lauterbourg et 1 commune du canton de Wissembourg.
	Hatten.	Wissembourg.	12 communes du canton de Wissembourg.
		Niederroedern.	2 communes du canton de Wissembourg et 7 du canton de Seltz.
		Seltz.	9 communes du canton de Seltz.
		Hatten.	8 — de Soultz-sous-Forêts.
		Soultz-s-Forêts.	18 communes du canton de Soultz-sous-Forêts.
		Wœrth 1.	12 communes du canton de Wœrth.
		Wœrth 2.	9 — —
Altkirch.	Altkirch. Ferrette.	Altkirch 1.	9 communes du canton d'Altkirch.
		Altkirch 2.	8 — —
		Tagsdorf.	11 — —
		Dannemarie.	15 — de Dannemarie.
		Traubach-le-Haut.	17 — —
		Hirsingue.	11 — d'Hirsingue.
		Seppois-le-Bas.	11 — —
		Ferrette.	13 — de Ferrette.
		Oetingen.	9 — —
		Dirlinsdorf.	9 — —
Colmar.	2 à Colmar.	Colmar 1.	La commune de Colmar.
		Colmar 2.	1 commune du canton de Colmar et 8 du canton d'Andolsheim.
		Munzenheim.	11 communes du canton d'Andolsheim.
		Munster 1.	5 — de Munster.
		Munster 2.	9 — —
		Turckheim.	1 — de Munster et 4 du canton de Wintzenheim.
		Eguisheim.	6 communes du canton de Wintzenheim.
		Neufbrisach 1.	10 communes du canton de Neufbrisach.
		Neufbrisach 2.	6 — —

3

ARRONDISSEMENTS	RÉSIDENCE des contrôleurs de l'assiette.	RÉSIDENCE des percepteurs.	
Guebwiller.	Guebwiller. Roufach.	Biedesheim.	6 communes du canton d'Ensisheim
		Oberhergheim.	6 —
		Ensisheim.	5 —
		Guebwiller.	6 — de Guebwiller.
		Lautenbach.	5 —
		Roufach.	4 — de Roufach.
		Soultzmatt.	4 —
		Soultz.	Le canton de Soultz.
Mulhouse.	2 à Mulhouse. Saint-Louis.	Mulhouse.	Commune de Mulhouse.
		Lutterbach.	Le canton de Mulhouse-nord.
		Dornach.	7 communes du canton de Mulhouse-sud.
		Landser.	1 — et
			9 du canton de Landser.
		Sierentz.	12 communes du canton de Landser.
		Ottmarsheim.	1 — et
			6 du canton d'Habsheim.
		Habsheim.	5 communes du canton d'Habsheim.
		Blotzheim.	7 — d'Huningue.
		Hagenthal-le-Bas	8 —
		Saint-Louis.	7 —
		Sausheim.	5 — d'Habsheim.
Ribeauvillé.	Ribeauvillé. Kaysersberg.	Kaysersberg.	7 communes du canton de Kaysersberg.
		Riquewhir.	6 —
		Ste-Marie-aux-Mines.	Le canton de Sainte-Marie-aux-Mines.
		Ribeauvillé.	Le canton de Ribeauvillé.
		La Poutroye.	Le canton de la Poutroye.
Thann.	2 à Thann.	Felleringen.	6 communes du canton de St-Amarin.
		Saint-Amarin.	10 —
		Massevaux.	14 — de Massevaux.
		Bershaupt-le-Haut.	1 — et
			5 du canton de Cernay.
		Cernay.	6 communes du canton de Cernay.
		Thann 1.	5 — de Thann.
		Thann 2.	7 —
Ville. Campagne.	1 à Metz. 2 à Metz. Courcelles.	Metz 1.	Commune de Metz.
		Metz 2.	18 communes du canton de Metz-Camp.
		Metz 3.	11 —
		Longeville-les-Metz.	9 — et
			6 du canton de Gorze.
		Ars-sur-Moselle.	12 communes du canton de Gorze.
		Courcelles-Chaussy.	15 — de Pange et 1
			du canton de Vigy.
		Remilly.	20 communes du canton de Pange.
		Solgne.	15 — de Verny.
		Magny.	23 —
		Vigy.	23 — de Vigy.
	Boulay. Bouzonville.	Boulay 1.	16 communes du canton de Boulay.
		Boulay 2.	20 —
		Bouzonville 1.	17 — de Bouzonville.
		Bouzonville 2.	15 —
		Faulquemont 1.	18 — de Faulquemont
		Faulquemont 2.	14 —
Château-Salins.	Château-Salins. Dieuze.	Albestroff.	12 communes du canton d'Albestroff.
		Benestroff.	8 — et 5
			du canton de Dieuze.
		Dieuze.	13 communes du canton de Dieuze.
		Loudrefing.	6 — d'Albestroff et
			6 du canton de Dieuze.
		Bourdonnaye.	10 communes du canton de Vic.
		Vic.	4 — et 9 du
			canton de Château-Salins
		Château-Salins.	25 communes du canton de Château-Salins.
		Delme.	21 communes du canton de Delme.
		Lucy.	15

ARRONDISSE-MENTS	RÉSIDENCE des contrôleurs de l'assiette.	RÉSIDENCE des percepteurs.	
Forbach.	Forbach.	Forbach 1.	6 communes du canton de Forbach.
	Sarralbe.	Forbach 2.	13 — —
		Grostenquin.	18 — de Grostenquin
		Morhange.	15 — —
		Puttelange.	7 — de Sarralbe.
		Sarralbe.	7 — —
		Saint-Avold.	Le canton de Saint-Avold.
Sarrebourg.	2 à Sarrebourg.	Fénétrange.	Le canton de Fénétrange.
		Lorquin.	Le canton de Lorquin.
		Phalsbourg.	21 communes du canton de Phalsbourg.
		Niederviller.	5 — et 8 du canton de Sarrebourg.
		Sarrebourg.	17 communes du canton de Sarrebourg.
		Réchicourt.	Le canton de Réchicourt.
Sarreguemines.	Sarreguemines.	Bitche.	Le canton de Bitche.
	Bitche.	Rohrbach.	Le canton de Rohrbach.
		Sarreguemines 1.	13 communes du canton de Sarregue-mines.
		Sarreguemines 2.	13 communes du canton de Sarregue-mines.
		Volmunster.	Le canton de Volmunster.
Thionville.	2 à Thionville.	Thionville.	6 communes du canton de Thionville et 3 du canton de Colmar, 5 du canton de Metzerwisse.
		Fontoy.	1 commune du canton de Thionville, 9 du canton de Fontoy, 1 du canton de Cattenom.
		Hayange.	15 communes du canton de Thionville.
		Hettange-Grande	7 — de Cattenom et 3 du canton de Fontoy.
		Rodemack.	15 communes du canton de Cattenom.
		Metzerwisse.	17 — de Metzerwisse.
		Sierck.	13 — de Sierck.
		Valdwisse.	9 — —

Les percepteurs continuent à être chargés des recettes municipales aux mêmes conditions qu'en France.

CONTRIBUTIONS INDIRECTES. — DOUANES. — ENREGISTREMENT. — Les administrations de l'enregistrement, des douanes et des contributions indirectes sont réunies sous les ordres d'un même chef. Elles constituent bien un service autonome alsacien-lorrain, relevant du Statthalter, mais à côté de la direction générale il existe, en ce qui concerne les douanes et les contributions indirectes, *mais non l'enregistrement,* un contrôle relevant du ministre du Trésor, à Berlin, et exercé par un contrôleur en chef en résidence à Strasbourg et trois contrôleurs à Strasbourg, Metz et Mulhouse. Ce contrôle est une conséquence de l'union douanière et du versement dans les caisses de l'Empire des sommes perçues à ce titre. On sait que ces ressources doivent faire face aux dépenses du budget de l'Empire et que l'excédent est ensuite réparti entre les différents Etats ; cet excédent a été considérablement réduit en 1889.

Les trois services réunis sont placés sous les ordres d'un directeur général des douanes et des contributions indirectes, mais, au-dessous de lui, ils constituent deux branches distinctes : d'une part l'enregistrement, de l'autre les douanes et les contributions indirectes, dont les perceptions sont faites dans les mêmes bureaux.

ENREGISTREMENT. — Le service de l'Enregistrement est dirigé par trois inspecteurs supérieurs résidant à Strasbourg, Mulhouse et Metz, ayant sous leurs ordres chacun quatre ou cinq inspecteurs. Les bureaux d'enregistrement qui existent dans chaque chef-lieu de canton (1) sont répartis entre les inspecteurs supérieurs sans préoccupation des divisions territoriales ; ainsi les bureaux de l'arrondissement de Schlestadt dépendent de l'inspection principale de Mulhouse ; l'un des bureaux de l'arrondissement de Save.ne, de l'inspection principale de Metz, etc. Il existe dans chacune des villes de Saverne, Colmar, Mulhouse, Thionville et Metz deux bureaux d'enregistrement et trois bureaux à Strasbourg.

En outre, on a conservé les bureaux spéciaux des hypothèques à Strasbourg, Wissembourg, Saverne, Colmar, Mulhouse, Schlestadt, Thionville, Château-Salins, Metz, Sarrebourg, Sarreguemines.

CONTRIBUTIONS INDIRECTES ET DOUANES. — Le service est réparti en onze directions ou bureaux principaux portant le titre, soit de Bureaux principaux des Douanes (*Haupt zoll aemter*), soit de Bureaux principaux des contributions indirectes (*Haupt steuer aemter*); mais les premiers, placés sur la frontière, sont en même temps chargés dans leur circonscription, du service des contributions indirectes. Il en est de même des bureaux simples : partout où il existe un bureau des douanes (*Nebenzollamt*), le service des contributions indirectes y est réuni. Le service placé dans chaque direction sous les ordres d'un directeur (*Oberzoll inspecktor* ou *Obersteuer inspecktor*) est surveillé par vingt-trois ins-

(1) Par exception les cantons de Saales, Seltz, Marmoutiers, Andolsheim, Cattenom, Fontoy, Réchicourt, Volmunster n'ont pas de bureau d'enregistrement et sont rattachés aux cantons voisins.
Dans les cantons de Geispolsheim, Gorze et Pange, les bureaux ne sont pas aux chefs-lieux de canton, mais à Illkirch, Ars-sur-Moselle et Courcelles.

pecteurs des douanes (*Obergrenz Kontrolören*) et vingt-quatre inspecteurs des contributions indirectes (*Obersteuer Kontrolören*).

Les bureaux sont répartis de la manière suivante :

DIRECTIONS ou bureaux principaux.	NOMBRE ET EMPLACEMENT des bureaux de douanes (1).	NOMBRE des bureaux des contributions indirectes seules (1).
Thionville............	6. Audun-le-Tiche, Aumetz, Fontoy, Neufchef, Moyeuvre-Grande, Sainte-Marie-aux-Chênes.	18
Metz.................	10. Amanvilliers, Malmaison, Vionville, Gorze, Novéant, Lobe, Cheminot, Saint-Jure, Aulnois, Manhoué.................	4
Sarrebourg..........	7. Chambrey, Moncourt, Lagarde, Avricourt (2 bureaux), Richeval, La Frimbolle........	13 (2)
Schirmeck..........	5. Granfontaine, Saulxures, Saales, Urbeis, Sainte-Marie-aux-Mines.................	7
Munster	7. Bonhomme, Urbeis, Soultzeren, Soultzbach-le-Bas, Krueth, Massevaux, Lauw........	9
Altkirch	15. Chavannes-sur-l'Etang, Montreux-Vieux, Magny, Seppois-le-Bas, Pfetterhausen, Courtavon, Lucelle, Kiffis, Leimen, Hegenheim, Bourgfelden, Bale, Saint-Louis (2 bureaux), Huningue.................	5
Mulhouse............	»	5
Colmar.............	»	14
Strasbourg..........	»	2
Haguenau	»	17
Sarreguemines.......	»	16 (3)

Les bureaux des douanes sont moins rapprochés que les nôtres ; nous comptons, en effet, sur la même frontière, cent trois bureaux de recettes au lieu de cinquante-six.

Les recettes effectuées dans les bureaux des douanes (comme d'ailleurs dans tous les autres services chargés de la perception des revenus publics) n'y sont jamais conservées ; dès que le montant est supérieur au cautionnement des receveurs, c'est la poste qui est appelée chaque jour à faire les expéditions à la Caisse centrale.

Banque de l'Empire. — La Banque impériale allemande (*Reichsbank*) a des succursales à Strasbourg, Mulhouse et Metz. Chaque succursale est dirigée par un conseil de trois membres : le président (*Bank Kommissarius* à Strasbourg, *Bank Justitiarius* à Mulhouse et Metz), le directeur de la Banque et un asses-

---

(1) Les bureaux principaux sont toujours chargés d'effectuer le service des bureaux simples dans la localité où ils sont établis.
(2) Dont 4 pour le service des salines.
(3) Dont 2 pour le service des salines.

seur. La Banque a le privilège d'émettre des billets que les caisses publiques reçoivent comme argent comptant ; elle peut consentir des prêts sur gages et réaliser ceux-ci sans recourir à la justice si le remboursement n'est pas opéré à l'échéance.

CRÉDIT FONCIER. — Une caisse spéciale a été créée à Strasbourg sous le titre de *Oeffentliche Depositen-Verwaltung* pour le service des prêts hypothécaires et des prêts communaux. Cette caisse constitue bien, comme le Crédit foncier en France, une Société particulière, mais à côté des deux directeurs se trouve un censeur légal représentant l'administration. En outre des attributions de notre Crédit foncier, cette caisse remplit celle de la Caisse des Dépôts et Consignations.

DETTE DE L'ALSACE-LORRAINE. — L'Alsace-Lorraine a été déclarée franche de dettes, mais en raison du remboursement des charges des officiers ministériels, de quelques travaux extraordinaires, on émit tout d'abord des obligations à lots au taux de 4 0/0. La dette consolidée existant aujourd'hui est représentée par de la rente 3 0/0, amortissable, pour un capital nominal de 18 millions de marcks (22,500,000 francs). L'amortissement se fait en 99 ans au maximum, au moyen du rachat par l'État d'un certain nombre de titres dont la valeur représente annuellement au moins 1 0/0 de la somme nominale des rentes. Le taux de cette rente était récemment de 99,95, le plus élevé des cours pour les valeurs correspondantes en Europe.

Quant à la dette flottante, elle peut s'élever à 8 millions au maximum, représentée par des bons du Trésor à échéance fixe, ne pouvant pas dépasser une année.

CHAPITRE VIII

Les chemins de fer d'Alsace-Lorraine sont administrés par la Direction générale des Chemins de fer (*General direktion der Eisenbahnen in Elsass Lothringen*), établie à Strasbourg et relevant de l'administration générale des chemins de fer de l'Empire (*Reichsamt für die Verwaltung der Reichseisenbahnen*).

Les seules lignes qui ne soient pas exploitées par la direction générale sont :

1° La partie de la ligne de Sarreguemines à Trèves, comprise entre Sarreguemines et la frontière prussienne (1 kil. 030), exploitée par la direction du chemin de fer de la rive gauche du Rhin à Cologne;

2° La partie de la ligne de Sarreguemines à Kaiserslautern, comprise entre Sarreguemines et la frontière bavaroise (11 kil. 740) appartenant aux chemins de fer du Palatinat.

D'autre part, la direction générale exploite les lignes suivantes en dehors de l'Alsace-Lorraine :

1° La partie de la ligne du Central Suisse, comprise entre la frontière alsacienne et la gare de Bâle (3 kil. 950) ;

2° La presque totalité des lignes concédées dans le grand-duché de Luxembourg à la Compagnie Guillaume-Luxembourg (184 kil. 970).

La longueur exploitée est de 1,307 kil. 492 en Alsace-Lorraine et de 188 kil. 920 en dehors.

Le réseau des chemins de fer est établi de la manière suivante :

A. Sur une ligne parallèle à la frontière française, partant de la gare de Bettembourg, dans le grand-duché de Luxembourg, et passant par Thionville, Metz, Saverne, Molsheim, Schlestadt, Colmar, Mulhouse et Bâle viennent aboutir :

B. Du côté de l'Allemagne.	1° à Thionville, la ligne de Trèves passant par Sierck ;
—	2° à Courcelles-sur-Nied, la ligne de Teterchen passant par Boulay :
—	3° à Rumilly, la ligne de Sarrebrück et Mayence, passant près de Saint-Avold et à Forbach ;
—	4° à Bénestroff, la ligne de Kaiserslautern passant par Sarralbe et Sarreguemines ;
—	5° à Sarrebourg, la ligne de Sarralbe passant par Saarunion ;
—	6° à Saverne, la ligne de Cologne, passant par Haguenau et Wissembourg ;
—	7° à Saverne, la ligne de Strasbourg, passant par Brumath et Hochfelden ;
—	8° à Molsheim, la ligne de Strasbourg ;
—	9° à Colmar, la ligne de Fribourg passant par Neufbrisach.
—	10° à Mulhouse, la ligne de Fribourg passant par Chalampé.
C. Du côté de la France.	1° à Thionville, la ligne de Mézières par Audun-le-Roman ;
—	2° à Hagoudange, ligne de Moyeuvre-Grande ;
—	3° à Maizière, la ligne de Bronvaux-Saint-Privat ;
—	4° à Metz, la ligne de Verdun par Amanvillers ;

C. Du côté de la France. 5° à Metz, la ligne de Nancy par Pagny-sur-Moselle ;

—   6° à Bénestroff, la ligne de Nancy par Château-Salins et Montcel ;

—   7° à Bénestroff, la ligne de Réchicourt par Dieuze ;

—   8° à Sarrebourg, la ligne de Lunéville par Avricourt :

—   9° à Molsheim, la ligne de Rothau et Saales par Mutzig et Schirmeck ;

—   10° à Schlestadt, la ligne de Sainte-Marie-aux-Mines ;

—   11° à Colmar, la ligne de la Poutroye par Kaysersberg ;

—   12° à Colmar, la ligne de Münster par Winzenheim ;

—   13° à Lutterbach, la ligne de Wesserling par Cernay, Thann et Saint-Amarin ;

—   14° à Lutterbach, par la ligne précédente, la ligne de Massevaux, par Cernay :

—   15° à Mulhouse, la ligne de Belfort par Altkirch et Montreux-Vieux.

D. Une seconde ligne, parallèle à la frontière allemande, part de Thionville pour aboutir à Schlestadt en passant par Sarreguemines, Bitche, Haguenau, Strasbourg ; elle croise les lignes de la série B :

à Teterchen, pour la ligne de Courcelles-sur-Nied.

à Bening, pour la ligne de Sarrebrück.

à Sarreguemines, pour la ligne de Kaiserslautern.

à Haguenau, pour la ligne de Cologne.

à Vendenheim, pour la ligne de Strasbourg à Saverne.

à Strasbourg, pour la ligne de Strasbourg à Molsheim,

E. Cette ligne communique en outre, à Strasbourg, avec :

1° la ligne de Coblentz et Germersheim, passant par Lauterbourg ;

2° la ligne de Kehl et d'Appenweier communiquant avec les chemins de fer de la rive droite du Rhin.

F. Enfin, il y a lieu de signaler quelques lignes secondaires :

1° la ligne venant de Luxembourg à Audun-le-Tiche ;

2° la ligne se détachant de la précédente à Nortzingen et aboutissant à Oeting ;

3° la ligne de Lemberg à Bouxwiller.

Lors de la cession de l'Alsace-Lorraine, il y avait 1,004 kilomètres en exploitation : l'augmentation est donc de 303 kilomètres, soit 30 0/0.

Le Directeur général des chemins de fer est assisté d'un conseil de direction composé de trois administrateurs et de neuf directeurs.

L'exploitation est divisée en sept directions :

1re direction à Mulhouse. — Lignes situées au sud de Colmar.

2e   —   à Colmar. — Lignes de Colmar à Strasbourg et de Colmar à Molsheim. Lignes de Neufbrisach, Munster, Kaysersberg, Sainte-Marie-aux-Mines.

3e   —   à Strasbourg n° 1. — Strasbourg. Lignes de Strasbourg à Brumath, Saverne, Sarrebourg, Avricourt et Rémilly.

4e   —   à Strasbourg n° 2. — Lignes de Strasbourg à Rothau, Kehl, Lauterbourg, Wissembourg, Saverne, Haguenau et Molsheim,

5e   —   à Sarreguemines. — Lignes de Sarreguemines à Haguenau, Montcel, Réchicourt, Cocheren. Ligne de Sarrebourg à Avricourt.

6e   —   à Metz. — Lignes de Rémilly à Metz et de Metz à Thionville et toutes les lignes à l'ouest de celles-ci.

7e   —   à Luxembourg. — Lignes de Luxembourg à Audun-le-Tiche et à Oeting.

Le service de la voie (constructions neuves et entretien) est réparti entre onze inspections : Mulhouse, Colmar, Schlestadt, Strasbourg n° 1, Strasbourg n° 2, Haguenau, Sarreguemines, Metz, Thionville, Luxembourg.

D'importants travaux de chemins de fer sont en exécution : parmi ceux pour lesquels des fonds ont été prévus au dernier budget, nous citerons la pose d'une deuxième voie sur la ligne de Thionville à Eberswiller, les lignes nouvelles : 1° de Sarrebourg à Abreschwiller ; 2° de Metzwiller (sur la ligne de Haguenau à Sarreguemines), à Seltz (sur la ligne de Strasbourg à Lauterbourg), coupant à Walbourg la ligne de Wissembourg ; 3° de Haguenau à Rochwoog ; 4° de Walbourg à Wœrth ; 5° de Schirmeck à Saales ; 6° d'Altkirch à Ferrette et Vieux-Ferrette.

TRAMWAYS ET CHEMINS DE FER SUR ROUTE. — Les tramways et chemins de fer sur route sont concédés soit aux villes, soit à des compagnies particulières : ils comprennent actuellement les lignes suivantes :

	LONGUEUR exploitée.	
Réseau urbain de Metz................	8 k. 590	
— — de Strasbourg...........	17 k. 250	
— — de Ribeauvillé..........	3 k. 890	
— — de Mulhouse............	16 k. 660	(Mulhouse à Dornach, à Burtzwiller, à Wittenheim).
Ligne de Colmar à Wingenheim........		
Ligne de Luitzelbourg à Phalsbourg et Wilsberg.........................	8 k. 590	
Ligne de Strasbourg à Truchtersheim....	15 k. »	

En outre, un doublement, à voie étroite, de la ligne de Mulhouse à Colmar et Strasbourg doit permettre d'assurer le service local tout en dégageant la grande ligne. Les parties comprises entre Mulhouse et Ensisheim, entre Colmar et Horbourg, entre Strasbourg et Markolsheim sont en exploitation. La partie comprise entre Markolsheim et Horbourg est en construction.

CHAPITRE IX

TRAVAUX PUBLICS. — Les travaux publics constituent un service d'État pour les rivières, les canaux et le service hydraulique, un service départemental pour les routes. Il n'y a plus de routes nationales : la vicinalité départementale les a absorbées.

SERVICE DE LA NAVIGATION. — Ce service est divisé en 6 arrondissements, à la tête de chacun d'eux est un inspecteur (*Wasser Bau Inspektor*).

1er arrondissement à Mulhouse, comprenant le canal du Rhône au Rhin, le canal d'Huningue, le canal de Brisach, le canal de Colmar, l'Ill canalisé depuis la jonction du canal du Rhône au Rhin jusqu'à la digue de la pointe Robertsau, la canalisation à l'intérieur de Strasbourg, le canal de l'Ill au Rhin, le canal de la Bruche, la canalisation autour de Strasbourg.

2e arrondissement à Colmar, comprenant le Rhin, de la frontière suisse jusqu'au pont de bateaux (93 kilomètres).

3e arrondissement à Strasbourg, comprenant le Rhin, du pont de bateaux jusqu'à la frontière bavaroise (91 kilomètres), le petit Rhin, l'Ill, depuis la pointe Robertsau jusqu'à son confluent avec le Rhin.

4e arrondissement à Sarrebourg, comprenant le canal de la Marne au Rhin, les réservoirs alimentaires de Goudrexange et de Réchicourt, la Sarre depuis le point où elle devient flottable jusqu'à Keskastel.

5° arrondissement à Metz, comprenant la Moselle et le canal de la Moselle.

6° arrondissement à Sarreguemines, comprenant le canal de la Sarre, le canal des salines, la Sarre depuis Keskastel jusqu'à la frontière.

Service hydraulique (*Meliorations wesen*). Le service hydraulique est divisé en 4 arrondissements :

1° Strasbourg, pour la Basse-Alsace sauf le cercle de Saverne.

2° Saverne, pour les cercles de Saverne et de Sarrebourg.

3° Colmar, pour la Haute-Alsace.

4° Metz, pour la Lorraine sauf le cercle de Sarrebourg.

En outre, un service spécial est constitué à Colmar pour les travaux de l'Ill, de la Krafft et du Rhin perdu, dans la Haute-Alsace comme dans la Basse-Alsace.

Chacun de ces cinq services est dirigé par un inspecteur (*Melioration Bau Inspektor*) assisté dans chaque cercle par un ingénieur du service hydraulique (*Wiesen Bau Meister*).

Service vicinal. Le service vicinal est dirigé dans chaque département par un agent voyer en chef (*Bezirks Bau Inspektor*) et dans chaque arrondissement par un agent voyer (*Kreiss Bau Inspektor*).

L'arrondissement de Saverne est divisé en deux circonscriptions ayant leur centre : l'une à Saverne, l'autre à Sarre-union.

MINES. — Le service des mines relève actuellement, non des présidents de département, mais du ministère d'Alsace-Lorraine ; il constituait même jusqu'à la loi du 4 juillet 1879 un service d'Empire placé sous la dépendance du chancelier.

Le service est divisé en deux arrondissements comprenant l'un la Haute et la Basse-Alsace, chef-lieu à Strasbourg ; l'autre la Lorraine, chef-lieu à Metz. Chacun est dirigé par un ingénieur des mines (*Bergrevier Beamter*).

Une commission constituée à Strasbourg, composée de membres de l'Université et dont ne font pas partie les ingénieurs des mines, est chargée des recherches géologiques.

CHAPITRE X

Postes et télégraphes

Les postes et télégraphes constituent, comme les chemins de fer, un service d'Empire relevant non du ministère d'Alsace-Lorraine à Strasbourg, mais du ministère des postes à Berlin. L'Alsace-Lorraine forme le territoire de deux directions supérieures, l'une à Strasbourg pour les départements de la Haute et de la Basse-Alsace, l'autre à Metz pour le département de la Lorraine.

Chaque directeur supérieur a sous ses ordres un service central composé de conseillers des postes, d'inspecteurs et d'un caissier général.

Le service est assuré par des bureaux de poste (*post aemter*) de 1re, 2e et 3e classe et des agences de poste (*post agenturen*); dans la plupart des bureaux, le service télégraphique est adjoint au service postal. Il n'y a de bureaux télégraphiques spéciaux qu'à Strasbourg, Mulhouse et Metz. Le chef d'un bureau de 1re classe porte le titre de directeur (*postdirektor*), celui d'un bureau de 2e classe, de maître (*postmeister*), d'un bureau de 3e classe, de gérant (*postverwalter*); enfin c'est un agent des postes (*post agent*) qui est chargé de chaque agence.

Les bureaux ont, quelle que soit leur classe, à peu près les mêmes attributions, l'administration postale étant chargée d'une manière générale de tous les transports de paquets.

Le service téléphonique a reçu depuis quelques années un très grand développement; dans beaucoup de localités on a établi dans le bureau de poste un appareil téléphonique permettant de transmettre des dépêches au bureau télégraphique le plus rapproché.

Le nombre des bureaux de poste et de télégraphe se répartit ainsi entre les deux directions de Strasbourg (Haute et Basse-Alsace), et de Metz (Lorraine).

	STRASBOURG.	METZ.
Bureaux de poste de 1er classe........................	13 (1)	5 (1)
Bureaux de poste de 2e classe	18	9
Bureaux de ville supplémentaires (à Strasbourg, relevant de la direction supérieure)........................	3	»
Bureaux de poste de 3e classe........................	57	35
Agences des postes avec réseau télégraphique..........	98	46
Agences des postes avec réseau téléphonique..........	81	50
Agences des postes simples	10	25
Totaux........................	290	180

Total général 460, soit 1 bureau pour 3,400 habitants ou pour 32 kilomètres carrés.

En France, il y a un bureau pour 5,700 habitants ou pour 79 kilomètres carrés.

_____

(1) Il y a deux bureaux de poste de 1re classe, à Mulhouse, à Strasbourg et à Metz.

CHAPITRE XI   •

Les directions des forêts, qui relevaient de l'administration centrale, ont été supprimées par une loi du 20 mars 1881 et le service forestier est devenu une administration départementale.

Dans chaque département, et relevant du président, un inspecteur en chef des forêts (*Oberforst meister*) dirige le service par l'intermédiaire d'un inspecteur des forêts (*Forst meister*) dans chaque circonscription et d'un garde général (*Ober forster*) dans chaque cantonnement.

Une commission des forêts (*Forst abteilung*), dans chaque département, composée de tous les inspecteurs, arrête les décisions à prendre en ce qui concerne l'aménagement, l'exploitation, etc.

Les inspections forestières sont au nombre de douze :

Basse-Alsace : Schlestadt, Strasbourg, Saverne, Haguenau (24 cantonnements).

Haute-Alsace : Mulhouse, Colmar nord, Colmar sud (17 cantonnements).

Lorraine : Strasbourg, Sarreguemines, Saint-Avold, Metz, Thionville (22 cantonnements).

Le personnel des forêts est composé, en dehors des employés supérieurs, de gardes forestiers (*Jägern*); ceux-ci sont tous d'anciens soldats recrutés en général dans les bataillons de chasseurs à pied ; ces bataillons détachent, d'ailleurs, chaque année dans le service forestier un certain nombre d'hommes qui ren-forcent le service et font en même temps une sorte de stage et d'apprentissage de leurs fonctions ultérieures. Ces hommes sont, pendant le temps du détachement, soumis aux règlements militaires. Il y a donc en fait dans le service forestier des agents civils permanents et des agents militaires supplémentaires.

L'admission dans l'administration forestière soit comme garde, soit comme garde général, ainsi que les promotions aux grades supérieurs sont prononcées après examen devant des commissions instituées à Strasbourg.

CHAPITRE XII

Chambres de commerce. — Il existe des chambres de commerce à Strasbourg, Colmar, Mulhouse et Metz.

Leurs attributions n'ont pas été modifiées.

Inspection des poids et mesures. — On a conservé le service d'inspection des poids et mesures (*Aichungs inspektion*) dans les mêmes conditions qu'avant l'annexion. Le territoire est divisé en neuf circonscriptions dans chacune desquelles opère un vérificateur (*aichmeister*) et au besoin un ou plusieurs aides vérificateurs (*aichungs gehülfe*).

Strasbourg : cercles de Strasbourg-Ville, Strasbourg-Campagne, Haguenau, Wissembourg ;

Saverne : cercle de Saverne ;

Schlestadt : cercles de Schlestadt, Erstein, Molsheim ;

Colmar : cercles de Colmar, Ribeauvillé, Guebwiller ;

Mulhouse : cercles de Thann, Altkirch ;

Metz : cercles de Metz-Ville, Metz-Campagne ;

Thionville : cercles de Thionville, Boulay ;

Sarreguemines : cercles de Sarreguemines, Forbach ;

Château-Salins : cercles de Château-Salins, Sarrebourg.

Ce service est assuré par 21 fonctionnaires : 1 inspecteur, 1 vérificateur en chef, 10 vérificateurs, 9 vérificateurs adjoints.

Haras. — Un haras a été établi à Strasbourg.

Établissements d'agriculture. — Il **existe** : à Rouffach une station agricole et une école d'agriculture, à Brumath une école d'agriculture et d'horticulture, à Strasbourg une école technique d'agriculture.

Les directeurs de ces quatre établissements, de même que celui du haras, relèvent directement du ministère.

Établissements de pisciculture. — Au contraire, l'ancien établissement de pisciculture d'Huningue relève du président du département de la Haute-Alsace.

Tabacs. — Le monopole du tabac a été supprimé en Alsace-Lorraine; ce monopole en effet n'existait pas en Allemagne, mais il n'en existe pas moins un impôt considérable sur la production du tabac. Les cultivateurs sont libres de planter comme ils le veulent, mais ils sont obligés à faire une déclaration, à subir les visites des employés des contributions indirectes, et après la récolte, à faire constater officiellement le poids des feuilles. C'est d'après le poids qu'on calcule l'impôt à payer. La manufacture des tabacs de Strasbourg a été conservée comme établissement de l'Etat, probablement en vue de la possibilité d'établir le monopole de la fabrication; jusqu'à présent elle fonctionne en régie, en concurrence avec les fabricants de tabacs. Ses bénéfices sont portés au compte du budget général d'Alsace-Lorraine.

Service sanitaire. — Les médecins cantonaux relèvent d'un médecin de cercle (*Kreisarzt*); ceux-ci adressent leurs rapports au président de département. Le médecin de cercle chef-lieu est spécialement attaché comme conseiller à la présidence; il porte le titre de *Medizinal referent*. Les médecins ne peuvent être appelés au poste de médecin de cercle qu'après un examen spécial.

Les médecins et les pharmaciens, avant d'être admis à exercer, passent des examens devant des commissions siégeant à Strasbourg : il en est de même des dentistes et des aides-pharmaciens (1). Les médecins peuvent être privés du droit d'exercer par une commission spéciale, siégeant à Strasbourg.

---

(1) Ceux-ci toutefois passent leurs examens au chef-lieu du département.

La police sanitaire des animaux est assurée dans chaque cercle par un vétérinaire (*Kreisthierarzt*) : le service est centralisé au ministère par un vétérinaire en chef (*Landesthierarzt*).

Les sages-femmes reçoivent leur instruction dans des écoles établies au chef-lieu de chaque département et ne sont admises à exercer qu'après avoir obtenu un diplôme d'une commission départementale.

ASILES D'ALIÉNÉS, DÉPÔTS DE MENDICITÉ. — Il existe un asile d'aliénés à Strasbourg (*Stephansfeld-hordt*) pour les départements de la Haute et de la Basse-Alsace et un second à Sarreguemines pour la Lorraine ; ce sont des établissements départementaux.

Il en est de même des dépôts de mendicité de Bischwiller pour la Basse-Alsace et de Gorze pour la Lorraine.

INSPECTION DES ENFANTS ASSISTÉS. — Ce service est confié à un inspecteur (*Waisen Inspektor*) dans chaque département.

CHAPITRE XIII

LISTE DES COMMUNES DE L'ALSACE-LORRAINE

Nous réunissons dans le tableau suivant la liste des communes de l'Alsace-Lorraine avec l'indication des cantons auxquels elles appartiennent. En regard de chaque nom français est le nom nouveau qui a été donné par le gouvernement allemand.

L'établissement d'une seconde liste complète d'après l'ordre alphabétique des noms allemands aurait allongé ce travail sans grande utilité; nous nous sommes contenté d'indiquer les noms qui présentent avec les noms français des différences trop considérables pour qu'il soit difficile de retrouver ceux-ci en parcourant la première liste.

LISTE N° 1

NOMS DES COMMUNES	NOMS ALLEMANDS	CANTONS
Aboncourt............	Endorf..............	Metzerwisse.
Aboncourt-sur-Zeille..	Aboncourt..........	Château-Salins.
Abreschwiller.........	Atberschweiler......	Lorquin.
Achain...............	Eschen	Château-Salins.
Achatel..............	»	Verny.
Achen	»	Rohrbach.
Achenheim	»	Schiltigheim.
Adaincourt...........	»	Faulquemont.
Adamswiller..........	Adamsweiler........	Drulingen.
Adelange	Edelingen	Faulquemont.
Ajoncourt............	»	Delme.
Alaincourt-la-Côte....	Alaincourt..........	Delme.
Albestroff............	Albesdorf...........	Albestroff.
Algolsheim	»	Neufbrisach.
Algrange	Algringen...........	Thionville.
Allenwiller	Allenweiler.........	Marmoutiers.
Alsting-Zing..........	Alstingen...........	Forbach.
Alteckendorff	»	Hochfelden.
Altenach.............	»	Dannemarie.
Altenbach............	»	Saint-Amarin.
Altenheim	»	Saverne.
Altenstadt	»	Wissembourg.
Altkirch.............	»	Altkirch.

NOMS DES COMMUNES	NOMS ALLEMANDS	CANTONS
Altorf	Altdorf	Molsheim.
Altrippe	Altripp	Grostenquin.
Altrof	Frei-Altdorf	Albestroff.
Altwiller	Altweiler	Sarre-Union.
Altwiller	Altweiler	Saint-Avold.
Alzing	Alzingen	Bouzonville.
Amanvilliers	Amanweiler	Metz.
Amélécourt	»	Château-Salins.
Ammerschwihr	Ammerschweier	Kaysersberg.
Ammertzwiller	Ammerzweiler	Dannemarie.
Ancerville	Anserweiler	Pange.
Ancy-sur-Moselle	Ancy-an-der-Mosel	Gorze.
Andlau-au-Val	Andlau	Barr.
Andolsheim	»	Andolsheim.
Angevillers	Arsweiler	Cattenom.
Angviller	Angweiler	Fénestrange.
Antilly	»	Vigy.
Anzeling	Anzelingen	Bouzonville.
Apach	»	Sierck.
Appenwihr	Appenweier	Neufbrisach.
Argancy	»	Vigy.
Arraincourt	Armsdorf	Faulquemont.
Arriance	Argenchen	Faulquemont.
Arry	»	Gorze.
Ars-Laquenexy	»	Pange.
Ars-sur-Moselle	Ars-an-der-Mosel	Gorze.
Arschwiller	Arzweiler	Phalsbourg.
Artolsheim	»	Markolsheim.
Artzenheim	Arzenheim	Andolsheim.
Asbach	Aschbach	Seltz.
Aspach	»	Altkirch.
Aspach	»	Lorquin.
Aspach-le-Bas	Niederaspach	Cernay.
Aspach-le-Haut	Oberaspach	Thann.
Assenoncourt	Essesdorf	Réchicourt.
Asswiller	Aszweiler	Drulingen.
Attenschwiller	Attenschweiler	Huningue.
Attilloncourt	Attiloncourt	Château-Salins.
Aube	Alben	Pange.
Aubure	Altweier	Ste-Marie-aux-Mines
Audun-le-Tiche	Deutsch-Oth	Fontoy.
Auenheim	»	Bischwiller.

NOMS DES COMMUNES	NOMS ALLEMANDS	CANTONS
Auguy	»	Metz.
Aulnois-sur-Zeille	Aulnois	Delme.
Aumetz	»	Fontoy.
Avenheim	»	Trüchtersheim.
Avolsheim	»	Molsheim.
Avricourt	»	Réchicourt.
Ay	»	Vigy.
Azoudange	»	Réchicourt.
Bacourt	»	Delme.
Baerendorf	»	Drulingen.
Baerenthal	»	Bitche.
Baldenheim	»	Markolsheim.
Baldersheim	»	Habsheim.
Balgan	»	Neußbrisach.
Ballbronn	»	Wasselonne.
Ballersdorf	»	Altkirch.
Balschwiller	Balschweiler	Altkirch.
Baltzenheim	Balzenheim	Andolsheim.
Bambiderstroff	Baumbiedersdorf	Faulquemont.
Ban-Saint-Martin	»	Metz.
Bannay	Bizingen	Boulay.
Bantzenheim	Banzenheim	Habsheim.
Barchain	Barchingen	Sarrebourg.
Barembach	Barenbach	Schirmeck.
Baronville	Baronweiler	Grostenquin.
Barr	»	Barr.
Barst	»	Saint-Avold.
Bartenheim	»	Landser.
Bassemberg	Bassenberg	Villé.
Bassing	Bessingen	Dieuze.
Battenheim	»	Habsheim.
Batzendorf	»	Haguenau.
Baudrecourt	»	Delme.
Bazancourt	»	Pange.
Bebing	»	Sarrebourg.
Beblenheim	Bebelnheim	Kaysersberg.
Béchy	»	Pange.
Behlenheim	»	Truchtersheim.
Beinheim	»	Seltz.
Bellange	Böllingen	Château-Salins.
Bellefosse	»	Schirmeck.
Belmagny	Baronsweiler	Dannemarie.

NOMS DES COMMUNES	NOMS ALLEMANDS	CANTONS
Belmont	»	Schirmeck.
Bendorff	Bendorf	Ferrette.
Bénestroff	Bensdorff	Albestroff.
Benfeld	»	Benfeld.
Bening-lès-St-Avold	Beningen	Saint-Avold.
Bennwihr	Bennweier	Ribeauvillé.
Berentzwiller	Berenzweiler	Altkirch.
Berg	»	Cattenom.
Berg	»	Drulingen.
Bergbieten	»	Wasselonne.
Bergheim	»	Ribeauvillé.
Bergholtz	Bergholz	Guebwiller.
Bergholtz-Zell	Bergholz-Zell	Guebwiller.
Bérig	Berg	Grostenquin.
Berlingen	»	Phalsbourg.
Bermering	Bermeringen	Albestroff.
Bernardswiller	Bernhards-Weiler	Barr.
Bernardswiller	Bernhards-Weiler	Obernai.
Bernolsheim	»	Brumath.
Bernwiller	Bernweiler	Cernay.
Berstett	»	Truchtersheim.
Berstheim	»	Haguenau.
Berthelming	Berthelmingen	Fénestrange.
Bertrange	Bertringen	Metzerwisse.
Bertring	Bertringen	Grostenquin.
Bervillers	Berweiler	Bouzonville.
Berwiller	Berrweiler	Soultz.
Bettange	Bettingen	Boulay.
Bettborn	»	Fénestrange.
Bettendorff	»	Hirsingue.
Betting-lès-St-Avold	Bettingen	Saint-Avold.
Bettlach	»	Ferrette.
Bettsdorff	»	Metzerwisse.
Bettwiller	Bettweiler	Drulingen.
Bettwiller	Bettweiler	Rohrbach.
Beux	»	Pange.
Beyren	Beiern	Cattenom.
Bezange-la-Petite	Klein-Bessingen	Vic.
Bibiche	Bibisch	Bouzonville.
Biblisheim	»	Wœrth-s.-Sauer.
Bidestroff	Biedersdorf	Dieuze.
Biding	Büdingen	Grostenquin.

NOMS DES COMMUNES	NOMS ALLEMANDS	CANTONS
Bieberskirch..........	Biberkirch..........	Sarrebourg.
Biederthal............	»	Ferrette.
Biesheim.............	»	Neufbrisach.
Bietlenheim..........	»	Brumath.
Biltzheim.............	Bilzheim............	Ensisheim.
Bilwisheim...........	»	Brumath.
Bindernheim..........	»	Markolsheim.
Bining-lès-Rohrbach...	Biningen............	Rohrbach.
Bioncourt............	»	Château-Salins.
Bionville.............	Bingen.............	Boulay.
Birkenwald...........	»	Marmoutiers.
Birlenbach...........	»	Soultz-sous-Forêts
Bischeim.............	»	Schiltigheim.
Bischholtz...........	Bischholz...........	Bouxwiller.
Bischofsheim.........	»	Rosheim.
Bischwihr............	Bischweier..........	Andolsheim.
Bischwiller...........	Bischweiler.........	Bischwiller.
Bisel................	»	Hirsingue.
Bisping..............	»	Fénestrange.
Bissert..............	»	Sarre-Union.
Bisten im loch.......	»	Boulay.
Bistroff.............	Bischdorf...........	Grostenquin.
Bitche...............	Bitsch.............	Bitche.
Bitschoffen..........	Bitschhofen........	Niederbronn.
Bitschwiller..........	Bitschweiler........	Thann.
Blaesheim............	»	Geispolsheim.
Blanche-Église........	Weisskirchen.......	Dieuze.
Blancherupt..........	Bliensbach..........	Schirmeck.
Bliesbrücken.........	»	Sarreguemines.
Bliesebersing.........	Blies-Ebersingen ...	Sarreguemines.
Bliesenschwiller.......	Blienschweiler......	Barr.
Bliesguerswiller......	Blies-Gersweiler....	Sarreguemines.
Blodesheim...........	Blodelsheim........	Ensisheim.
Blotzheim............	»	Hirsingue.
Boersch..............	»	Rosheim.
Boesenbiesen.........	»	Marckolsheim.
Bollwiller............	Bollweiler..........	Soultz.
Bolsenheim...........	»	Erstein.
Bonhomme...........	Diedolshausen......	La Poutroye.
Boofzheim............	»	Benfeld.
Bootzheim...........	Boozheim...........	Marckolsheim.
Borny...............	»	Metz.

NOMS DES COMMUNES	NOMS ALLEMANDS	CANTONS
Bosselshausen	"	Bouxwiller.
Bossendorf............	"	Hochfelden.
Boucheporn...........	Buschborn..........	Boulay.
Boulange	Bollingen...........	Fontoy.
Boulay...............	Bolchen....:......	Boulay.
Bourdonnaye..........	"	Vic.
Bourgaltroff...........	Burgaltdorf........	Dieuze.
Bourgbruche..........	"	Saales.
Bourgfelden..........	Burgfelden..........	Huningue.
Bourgschëid..........	Burscheid..........	Phalsbourg.
Bousbach............	Burchbach..........	Forbach.
Bousse..............	Buss..............	Metzerwisse.
Bousseviller..........	Bussweiler..........	Volmunster.
Boust...............	Bust..............	Cattenom.
Boustroff	Buschdorf..........	Grostenquin.
Bouxwiller...........	Buchsweiler	Bouxwiller.
Bouxwiller...........	Buchsweiler	Ferrette.
Bouzonville..........	Busendorf..........	Bouzonville.
Bréchaumont	Brückensweiler	Dannemarie.
Bréhain..............	"	Delme.
Breidenbach	"	Volmunster.
Breitenau............	"	Villé.
Breitenbach..........	"	Villé.
Breitenbach..........	"	Munster.
Bremmelbach........	"	Soultz-s.-Forêts.
Brestroff............	Breisdorf..........	Cattenom.
Brétien	Bretten	Dannemarie.
Brettenach..........	Brettnach..........	Bouzonville.
Breuschwickersheim ..	Brüschwickersheim .	Schiltigheim.
Brinckheim..........	Brinkheim..........	Landser.
Brinighoffen	Brünighofen	Altkirch.
Bronvaux............	"	Metz.
Bronviller	Brauweiler..........	Phalsbourg.
Brouck	Bruchen...........	Boulay.
Brouderdorf	Bruderdof.........	Sarrebourg.
Bruebach	Brubach	Landser.
Brulange.............	Brülingen..........	Grostenquin.
Brumath.............	"	Brumath.
Brunstatt	"	Mulhouse-Sud.
Buchy	"	Verny.
Buding	Büdingen..........	Metzerwisse.
Budling.............	Bidlingen..........	Metzerwisse.

NOMS DES COMMUNES	NOMS ALLEMANDS	CANTONS
Bueswiller............	Büsweiler..........	Bouxwiller.
Buetwiller............	Bütweiler..........	Dannemarie.
Buhl.................	Bühl...............	Guebwiller.
Buhl.................	Bühl...............	Sarrebourg.
Buhl.................	Bühl...............	Seltz.
Burbach.............	»	Drulingen.
Burbach-le-Bas.......	Niederburbach......	Thann.
Burbach-le-Haut......	Oberburbach........	Massevaux.
Burgheim.............	»	Obernai.
Burlioncourt..........	»	Château Salins.
Burnhaupt-le-Bas.....	Niederburnhaupt....	Cernay.
Burnhaupt-le-Haut.....	Oberburnhaupt......	Cernay.
Burtoncourt..........	Brittendorf........	Vigy.
Buschwiller..........	Buschweiler.........	Huningue.
Bust.................	Büst...............	Drulingen.
Butten..............	Bütten.............	Sarre-Union.
Cappel..............	»	Saint-Avold.
Carspach............	»	Altkirch.
Cattenom............	Kattenhofen........	Cattenom.
Cernay..............	Sennheim..........	Cernay.
Chailly-les-Emery....	»	Vigy.
Chalampé............	Eichwald...........	Habsheim.
Chambrey............	»	Château Salins.
Chanville............	»	Pange.
Charleville...........	»	Vigy.
Charly..............	»	Vigy.
Château-Bréhain......	»	Delme.
Château-Rouge........	Rothendorf.........	Bouzonville.
Château-Salins.......	»	Château-Salins.
Château-Voué........	Dürkastel..........	Château-Salins.
Chatel-Saint-Germain..	»	Gorze.
Chatenois............	Kestenholz.........	Schlestadt.
Chavannes-l'Etang.....	Schaffnatt-am-Weyer.	Dannemarie.
Chémery.............	»	Faulquemont.
Chémery.............	Schemerich.........	Bouzonville.
Cheminot............	»	Verny.
Chénois.............	»	Delme.
Chérisey............	»	Verny.
Chesny..............	»	Verny.
Chicourt............	»	Delme.
Chieulles...........	»	Metz.
Cleebourg...........	Kleeburg..........	Wissembourg.

NOMS DES COMMUNES	NOMS ALLEMANDS	CANTONS
Climbach	Klimbach	Wissembourg.
Cocheren	Kochern	Forbach.
Coin-les-Cuvry	Coin-bey-Cuvry	Verny.
Coin-sur-Seille	Coin-an-der-Seille	Verny.
Coincy	»	Pange.
Colligny	»	Pange.
Colmar	»	Colmar.
Colmen	»	Bouzonville.
Colroy-la-Roche	»	Saales.
Condé Northen	Contchen	Boulay.
Conthil	»	Château Salins.
Corny	»	Gorze.
Cosswiller	Kossweiler	Wasselonne.
Coume	Kuhmen	Boulay.
Courcelles-Chaussy	Kurzel	Pange.
Courcelles-sur-Nied	Courcelles-an-d-Nied.	Pange.
Courtavon	Ottendorf	Ferrette.
Coutures	»	Château-Salins.
Craincourt	»	Delme.
Crastatt	Krastatt	Marmoutier.
Créhange	Kriechingen	Faulquemont.
Creutzwald	Kreuzwald	Bouzonville.
Croettwiller	Kroettweiler	Seltz.
Cutting	Kuttingen	Dieuze.
Cuvry	»	Verny.
Dabo	Dagsburg	Phalsbourg.
Dachstein	»	Molsheim.
Dahlenheim	»	Wasselonne.
Dain-en-Saulnois	Dam	Pange.
Dalem	Dalheim	Château-Salins.
Dalem	»	Bouzonville.
Dalhunden	»	Bischwiller.
Dalstein	»	Bouzonville.
Dambach	»	Barr.
Dambach	»	Niederbronn.
Dangolsheim	»	Wasselonne.
Danne-et-Quatre-Vents	Dann-und-Vierwinden	Phalsbourg.
Dannelbourg	»	Phalsbourg.
Dannemarie	Dammerkirch	Dannemarie.
Daubensand	»	Erstein.
Dauendorf	»	Haguenau.
Dédeling	»	Château-Salins.

NOMS DES COMMUNES	NOMS ALLEMANDS	CANTONS
Dehlingen	"	Sarre-Union.
Delme	"	Delme.
Denting...............	Dentingen	Boulay.
Desseling.............	Disselingen.........	Réchicourt.
Dessenheim...........	"	Neufbrisach.
Destry................	Destrich	Grostenquin.
Dettwiller	Dettweiler	Saverne.
Devant-les-Ponts	"	Metz.
Diane-Capelle........	Kappel	Sarrebourg.
Didenheim	"	Mulhouse-sud.
Diebling	Dieblingen.........	Forbach.
Diebolsheim..........	"	Marckolsheim.
Diedendorf...........	"	Drulingen.
Dieffenbach..........	Diefenbach	Villé.
Dieffenbach..........	Diefenbach.........	Woerth.
Dieffenthal..........	Diefenthal.........	Schlestadt.
Dieffmatten	Diefmatten.........	Dannemarie.
Diemeringen..........	"	Drulingen.
Dietwiller...........	Dietweiler	Landser.
Dieuze...............	"	Dieuze.
Diffenbach...........	Diefenb.-b.-Hellimer.	Grostenquin.
Dimbsthal	"	Marmoutier.
Dingsheim...........	"	Truchtersheim.
Dinsheim	"	Molsheim.
Dirlinsdorf..........	Dürlinsdorf	Ferrette.
Distroff.............	Diesdorf	Metzerwisse.
Dolleren.............	Dollern	Massevaux.
Dolving.............	Dolvingen..........	Fénestrange.
Domfessel	"	Sarre-Union.
Domnon	Dommenheim.......	Dieuze.
Donjeux	"	Delme.
Donnelay	"	Vic.
Donnenheim..........	"	Brumath.
Dorlisheim...........	"	Molsheim.
Dornach	"	Mulhouse-sud.
Dornot	"	Gorze.
Dossenheim	"	Truchtersheim.
Dossenheim	"	La Petite-Pierre.
Dourd'hal...........	Durchthal	Saint-Avold.
Drachenbronn........	"	Soultz-sous-Forêt.
Drulingen............	"	Drulingen.
Drusenheim	"	Bischviller.

NOMS DES COMMUNES	NOMS ALLEMANDS	CANTONS
Duntzenheim..........	Dunzenheim	Hochfelden.
Duppigheim...........	»	Geispolsheim.
Durmenach...........	»	Ferrette.
Durningen............	»	Truchtersheim.
Durrenbach...........	»	Woerth.
Durrenentzen.........	Dürrenenzen........	Andolsheim.
Durstel	»	Drulingen.
Duttlenheim	»	Geispolsheim.
Eberbach-lès-Seltz	Eberbach-bei-Selz ...	Seltz.
Eberbach-lès-Woerth..	Eberbach-bei-Wörth.	Woerth.
Ebermunster..........	Ebersmunster.......	Schlestadt.
Ebersheim............	»	Schlestadt.
Eberswiller...........	Ebersweiler	Bouzonville.
Eblange..............	Eblingen............	Boulay.
Eckartswiller	Eckartsweiler.......	Saverne.
Eckbolsheim..........	»	Schiltigheim.
Eckwersheim	»	Brumath.
Eglingen..............	»	Altkirch.
Eguelsberg............	Egelshardt..........	Bitche.
Eguisheim............	Egisheim	Wintzenheim.
Eickhofen............	»	Barr.
Ellbach	»	Dannemarie.
Elsenheim	»	Marckolsheim.
Elvauge..............	Elwingen	Faulquemont.
Elzange.............	Elsingen............	Metzerwisse.
Emlingen	»	Altkirch.
Enchenberg...........	»	Rohrbach.
Engenthal............	»	Wasselonne.
Engwiller............	Engweiler	Niederbronn.
Ennery	»	Vigy.
Enschingen...........	»	Altkirch.
Enschwiller..........	Enschweiler	Grostenquin.
Ensisheim	»	Ensisheim.
Entzheim............	Enzheim............	Geispolsheim.
Epfig................	»	Barr.
Epping..............	Eppingen	Volmunster.
Erching.............	Erchingen..........	Volmunster.
Ergersheim..........	»	Molsheim.
Erkartswiller	Erkartsweiler.......	La Petite-Pierre.
Erlenbach	»	Villé.
Ernestviller...........	Ernstweiler.........	Sarralbe.
Ernolsheim...........	»	Molsheim.

NOMS DES COMMUNES	NOMS ALLEMANDS	CANTONS
Ernolsheim	»	Saverne.
Erstein	»	Erstein.
Erstroff	Ersdorf	Grostenquin.
Erzange	Ersingen	Thionville.
Eschau	»	Geispolsheim.
Eschbach	»	Munster.
Eschbach	»	Woerth.
Eschbourg	»	La Petite-Pierre.
Eschenzwiller	Eschenzweiler	Habsheim.
Escherange	Escheringen	Cattenom.
Eschwiller	Eschweiler	Drulingen.
Eteimbes	Welschen-Steinbach.	Dannemarie.
Ettendorf	»	Hochfelden.
Etting	Ettingen	Rohrbach.
Evrange	Ewringen	Cattenom.
Eywiller	Eyweiler	Drulingen.
Failly	»	Vigy.
Falck	Falk	Bouzonville.
Falckwiller	Falkweiler	Dannemarie.
Fameck	»	Thionville.
Farschwiller	Farschweiler	Forbach.
Farebersviller	Pfarrebersweiler	Saint-Avold.
Faulquemont	Falkenberg	Faulquemont.
Fegersheim	»	Geispolsheim.
Feldbach	»	Hirsingue.
Feldkirch	»	Soultz.
Felleringen	»	Saint-Amarin.
Fénestrange	Finstingen	Fénestrange.
Ferrette	Pfirt	Ferrette.
Fessenheim	»	Ensisheim.
Fessenheim	»	Truchtersheim.
Fèves	»	Metz.
Fey	»	Verny.
Filstroff	Filsdorf	Bouzonville.
Fislis	»	Ferrette.
Fixem	»	Cattenom.
Flastroff	Flasdorf	Sierck.
Flaxlanden	Flachslanden	Mulhouse-sud.
Fleisheim	»	Fénestrange.
Flétrange	Fletringen	Faulquemont.
Fleury	»	Verny.
Flévy	»	Vigy.

NOMS DES COMMUNES	NOMS ALLEMANDS	CANTONS
Flexbourg	Flexburg	Wasselonne.
Flocourt	»	Pange.
Florange	Flörchingen	Thionville.
Folckling	Folklingen	Forbach.
Folgensbourg	Volkensberg	Huningue.
Folpersviller	Folpersweiler	Sarreguemines.
Folschwiller	Folschweiler	Saint-Avold.
Fonteny	»	Delme.
Fontoy	Fentsch	Thionville.
Fort-Louis	»	Bischwiller.
Forbach	»	Forbach.
Fortsfeld	»	Bischwiller.
Fortsheim	»	Woerth.
Fortschwihr	Fortschweier	Andolsheim.
Fossieux	»	Delme.
Fouchy	Grube	Villé.
Fouday	Fouday-Urbach	Schirmeck.
Foulcrey	»	Réchicourt.
Fouligny	Füllingen	Faulquemont.
Foville	»	Verny.
Francken	Franken	Altkirch.
Fraquelfing	»	Lorquin.
Frauenberg	»	Sarreguemines.
Freistroff	Freisdorf	Bouzonville.
Fréland	Urbach	La Poutroye.
Fremestroff	Fremersdorf	Grostenquin.
Frémery	»	Delme.
Fresnes-en-Saulnois	»	Château-Salins.
Freybouse	Freibuss	Grostenquin.
Freyming	Freimingen	Saint-Avold.
Fribourg-l'Evêque	Freiburg	Réchicourt.
Friedolsheim	»	Hochfelden.
Friesenheim	»	Benfeld.
Friessen	Friesen	Hirsingue.
Froeningen	»	Altkirch.
Froeschwiller	Fröschweiler	Woerth.
Frohmuhl	»	La Petite-Pierre.
Fulleren	Füllern	Hirsingue.
Furckhausen	»	Saverne.
Furdenheim	»	Truchtersheim.
Galfingen	»	Mulhouse-sud.
Gambsheim	»	Brumath.

5

NOMS DES COMMUNES	NOMS ALLEMANDS	CANTONS
Gandrange	Gandringen	Thionville.
Garrebourg	Garburg	Phalsbourg.
Garsch	»	Cattenom.
Gawisse	Gauwies	Cattenom.
Geishausen	»	Saint-Amarin.
Geispitzen	»	Landser.
Geispolsheim	»	Geispolsheim.
Geiswasser	»	Neufbrisach.
Geiswiller	Geisweiller	Hochfelden.
Gélucourt	Gelucourt(Eiff^{el}fing^{en})	Dieuze.
Gerbécourt	»	Château-Salins.
Gerstheim	»	Erstein.
Gertwiller	Gertweiler	Barr.
Geudertheim	»	Brumath.
Gildviller	Gildweiler	Dannemarie.
Gimbrett	»	Truchtersheim.
Gingsheim	»	Hochfelden.
Givrycourt	»	Albestroff.
Glatigny	»	Vigy.
Goerlingen	»	Drulingen.
Goersdorf	»	Woerth.
Goetzenbruck	»	Bitche.
Goin	»	Verny.
Goldbach	»	Saint-Amarin.
Gommelange	Gelmingen	Boulay.
Gommersdorf	»	Dannemarie.
Gondrexange	»	Réchicourt.
Gorze	»	Gorze.
Gosselming	Gosselmingen	Fénestrange.
Gottenhausen	»	Marmoutiers.
Gottesheim	»	Saverne.
Goxwiller	Goxweiler	Obernai.
Grandfontaine	»	Schirmeck.
Grassendorf	»	Hochfelden.
Gravelotte	»	Gorze.
Grémecey	»	Château-Salins.
Grendelbruch	»	Rosheim.
Grening	Greningen	Grostenquin.
Grentzingen	Grenzingen	Hirsingue.
Gresswiller	Gressweiler	Molsheim.
Gries	»	Brumath.
Griesbach	»	Bouxwiller.

NOMS DES COMMUNES	NOMS ALLEMANDS	CANTONS
Griesbach		Munster.
Griesbach		Niederbronn.
Griesheim		Rosheim.
Griesheim		Truchtersheim.
Grindorff	Grindorf	Sierk.
Grosrederching	Gross-Rederchingen.	Rohrbach.
Grossbliederstroff	Grossblittersdorf	Sarreguemines.
Grostenquin	Grosstänchen	Grostenquin.
Grundviller	Grundweiler	Sarreguemines.
Grussenheim		Andolsheim.
Guebenhausen	Gebenhausen	Sarreguemines.
Gueberschwihr	Geberschweier	Roufach.
Guebestroff	Gebesdorf	Dieuze.
Gueblange	Geblingen	Sarralbe.
Gueblange	Güblingen	Dieuze.
Guebling	Gebling	Dieuze.
Guebwiller	Gebweiler	Guebwiler.
Guemar	Gemar	Ribeauville.
Guénange	Niedginingen	Metzerwisse.
Guénestroff	Genesdorf	Dieuze.
Guenkirchen	Gehnkirchen	Boulay.
Guenviller	Genweiler	Saint-Avold.
Guermange	Germingen	Réchicourt.
Guerstling	Gerstlingen	Bouzonville.
Guerting	Gertingen	Boulay.
Guesseling	Gesslingen	Grostenquin.
Guewenatten	Gevenatten	Dannemarie.
Guewenheim	Gewenheim	Thann.
Guinglange	Ganglingen	Faulquemont.
Guinzeling	Geinslingen	Albestroff.
Guirlange	Girlingen	Boulay.
Gugenheim		Truchtersheim.
Gumbrechtshofen-Niederbronn		Niederbronn.
Gumbrechtshofen-Oberbronn		Niederbronn.
Gundershoffen	Gundershofen	Niederbronn.
Gundolsheim		Roufach.
Gungwiller	Gungweiler	Drulingen.
Gunsbach		Munster.
Gunstett		Woerth.
Guntzviller	Gunzweiler	Phalsbourg.

NOMS DES COMMUNES	NOMS ALLEMANDS	CANTONS
Haboudange	Habudingen	Château-Salins.
Habsheim	"	Habsheim.
Hægen	"	Marmoutiers.
Hæsingen	"	Huningue.
Hagen	"	Thionville.
Hagenbach	"	Dannemarie.
Hagenthal-le-Bas	Niederhagenthal	Huningue.
Hagenthal-le-Haut	Oberhagenthal	Huningue.
Hagondange	Hagendingen	Metz.
Haguenau	Hagenau	Haguenau.
Haie-des-Allemands	"	Réchicourt.
Hallering	Halleringen	Faulquemont.
Halling	Hallingen	Boulay.
Hambach	"	Drulingen.
Hambach	"	Sarreguemines.
Ham-Basse	Niederham	Metzerwisse.
Hampont	"	Château-Salins.
Ham-sous-Varsberg	Ham-unter-Varsberg	Boulay.
Handschuhheim	"	Truchtersheim.
Haugenbieten	"	Schiltigheim.
Hangviller	Hangweiler	Phalsbourg.
Hannocourt	"	Delme.
Han-sur-Nied	Ham-an-der-Nied	Faulquemont.
Hanviller	Hangweiler	Phalsbourg.
Hargarten-aux-Mines	Hargarten	Bouzonville.
Harprich	"	Grostenquin.
Harraucourt-sur-Seille	Harraucourt-an-der-Seille	Château-Salins.
Harreberg	Haarberg	Sarrebourg.
Harskirchen	"	Sarre-Union.
Hartmauswiller	Hartmannsweiler	Soultz.
Hartzviller	Harzweiler	Sarrebourg.
Haspelscheidt	Haspelscheid	Bitche.
Hatten	"	Soultz-sous-Forêts.
Hattigny	"	Lorquin.
Hattmatt		Saverne.
Hattstatt		Roufach.
Hauconcourt		Metz.
Hausgauen	"	Altkirch.
Haut-Clocher	Zittersdorf	Sarrebourg.
Havange	Havingen	Fontoy.
Hayange	Hayingen	Thionville.

NOMS DES COMMUNES	NOMS ALLEMANDS	CANTONS
Hayes	Haiss	Vigy.
Hazelbourg	Haselburg	Phalsbourg.
Hazembourg	Hassenburg	Sarralbe.
Hecken	»	Dannemarie.
Hegeney	»	Wœrth.
Hegenheim	»	Huningue.
Heidolsheim	»	Marckolsheim.
Heidwiller	Heidweiler	Altkirch.
Heiligenberg	»	Molsheim.
Heiligenstein	»	Barr.
Heimersdorf	»	Hirsingue.
Heimsprong	Heimsbrunn	Mulhouse-sud.
Heining	Heiningen	Bouzonville.
Heiteren	»	Neufbrisach.
Helfrants-Kirch	»	Landser.
Hellering	Helleringen	Fénestrange.
Hellimer	»	Grostenquin.
Hellstroff	Helsdorf	Boulay.
Hémilly	»	Fénestrange.
Heming	»	Lorquin.
Henflingen	»	Hirsingue.
Hengwiller	»	Marmoutiers.
Henridorf	Henirichsdorf	Phalsbourg.
Herange	Heringen	Phalsbourg.
Herbitzheim	»	Sarre-Union.
Herbsheim	»	Benfeld.
Herlisheim	Herlisheim	Bischwiller.
Hermelange	Hermelingen	Lorquin.
Hermerswiller	Hermersweiler	Soultz-sous-Forêts.
Herny	Herlingen	Fénestrange.
Herrslisheim	Herlisheim	Wintzenheim.
Herrschwiller	Herrschweiler	Saint-Avold.
Hertzing	Herzing	Réchicourt.
Hesse	Hessen	Sarrebourg.
Hessenheim	»	Marckholsheim.
Hestroff	Hessdorf	Bouzonville.
Hettange-Grande	Grosshettingen	Cattenom.
Hettenschlag	»	Neufbrisach.
Heywiller	Heiweiler	Altkirch.
Hilbesheim	»	Fénestrange.
Hilsenheim	»	Marckholsheim.
Hilsprich	»	Sarralbe.

NOMS DES COMMUNES	NOMS ALLEMANDS	CANTONS
Hinckange	Heinkingen	Boulay.
Hindisheim	"	Erstein.
Hindlingen	"	Hirsingue.
Hinsbourg	"	Le Petite-Pierre.
Hinsingen	"	Sarre-Union.
Hipsheim	"	Erstein.
Hirschland	"	Drulingen.
Hirsingue	Hirsingen	Hirsingue.
Hirtzbach	Hirzbach	Hirsingue.
Hirtzfelden	Hirzfelden	Ensisheim.
Hochfelden	"	Hochfelden.
Hochstatt	"	Altkirch.
Hochstett	"	Haguenau.
Hoenheim	"	Schiltigheim.
Hoerdt	"	Brumath.
Hoff	Hof	Sarrebourg.
Hoffen	Hofen	Soultz-sous-Forêts.
Hohatzenheim	"	Hochfelden.
Hohengoeft	"	Marmoutiers.
Hohfrankenheim	"	Hochfelden.
Hohrott	Hobrod	Munster.
Hohwald	"	Barr.
Hohwiller	Hohweiler	Soultz-sous-Forêts.
Holacourt	"	Faulquemont.
Holling	Hollingen	Boulay.
Holtzwihr	Holzweier	Andolsheim.
Holving	Holvingen	Sarralbe.
Holzheim	"	Geispolsheim.
Hombourg	Homburg	Habsheim.
Hombourg-Haut	Oberhumburg	Saint-Avold.
Hombourg-Kédange	Homburg-Kedingen	Metzerwisse.
Hommarting	Hommartingen	Sarrebourg.
Hommert	"	Sarrebourg.
Horbourg	"	Andolsheim.
Host	Oberhost	St-Avold.
Hotteviller	Hottweiler	Volmunster.
Houssen	Hausen	Andolhseim.
Hultenhausen	"	Phalsbourg.
Hunawihr	Hunaweier	Ribeauvillé.
Hundling	Hundlingen	Sarreguemines.
Hundsbach	"	Altkirch.
Huningue	Hüningen	Huningue.

NOMS DES COMMUNES	NOMS ALLEMANDS	CANTONS
Hunskirch	Hunkirch	Albestroff.
Hunspach	»	Soultz-sous-Forêts.
Hunting	Hüntingen	Sierck.
Hurtigheim	»	Truchstersheim.
Husseren	Häusern	Wintzenheim.
Husseren	Hüsseren - Wesserling	Saint-Amarin.
Huttendorf	»	Haguenau.
Huttenheim	»	Benfeld.
Ibigny	»	Réchicourt.
Ichtratzheim	»	Geispolsheim.
Illange	Illingen	Metzerwisse.
Illfurt	»	Altkirch.
Illhaenseren	Illhäusern	Ribeauvillé.
Illkirch	Illkirch - Grafenstaden	Geispolsheim.
Illzach	»	Habsheim.
Imbsheim	»	Bouxwiller.
Imling	Imlingen	Sarrebourg.
Ingenheim	»	Hochfelden.
Ingersheim	»	Kaysersberg.
Inglange	Inglingen	Metzerwisse.
Ingolsheim	»	Soultz-sous-Forêts.
Ingwiller	Ingweiler	Bouxwiller.
Innenheim	»	Obernai.
Insming	Insmingen	Albestroff.
Inswiller	Insweiler	Albestroff.
Ippling	Iplingen	Sarreguemines.
Irmstett	»	Wasselonne.
Issenheim	Isenheim	Soultz.
Issenhausen	»	Hochfelden.
Ittenheim	»	Schiltigheim.
Itterswiller	Ittersweiler	Barr.
Ittlenheim	»	Truchtersheim.
Jallaucourt	»	Delme.
Jebsheim	»	Andolsheim.
Jetterswiller	Jettersweiler	Marmoutiers.
Jettingen	»	Altkirch.
Jouy-aux-Arches	»	Gorze.
Jungholz	»	Soultz.
Jury	»	Verny.
Jussy	»	Gorze.

NOMS DES COMMUNES	NOMS ALLEMANDS	CANTONS
Juvelize.............	Geistkirch..........	Vic.
Juville..............	»	Delme.
Kaffenach............	»	Soultz-sous-Forêts.
Kalhausen...........	»	Rohrbach.
Kaltenhausen........	»	Haguenau.
Kanfen..............	»	Cattenom.
Kappelen............	Kappeln...........	Landser.
Kappelkinger........	»	Sarralbe.
Katzenthal..........	»	Kaysersberg.
Kauffenheim.........	»	Bischwiller.
Kaysersberg.........	»	Kaysersberg.
Kembs..............	»	Landser.
Kemplich...........	»	Metzerwisse.
Kerbach............	»	Rohrbach.
Kerling............	Kerlingen..........	Sierck.
Kerprich-aux-Bois....	Kirchberg-am-Wald..	Sarrebourg.
Kerprich-lès-Dieuze...	Kerprich-bei-Dieuze.	Dieuze.
Kertzfeld...........	Kerzfeld..........	Benfeld.
Keskastel...........	»	Sarre-Union.
Kesseldorf..........	»	Seltz.
Kienheim...........	»	Truchtersheim.
Kientzheim.........	Kienzheim.........	Kaysersberg.
Kiffis.............	»	Ferrette.
Kilstett...........	»	Brumath.
Kindwiller........	Kindweiler.........	Niederbronn.
Kingersheim........	»	Mulhouse-nord.
Kintzheim.........	Kinzheim..........	Schlestadt.
Kirchberg.........	»	Massevaux.
Kirchheim.........	»	Wasselonne.
Kirrberg..........	Kirberg..........	Drulingen.
Kirrwiller.........	Kirweiler.........	Bouxwiller.
Kirsch-lès-Sierck.....	Kirsch-bei-Sierck...	Sierck.
Kirschnaumen........	Kirchnaumen.......	Sierck.
Kirwiller..........	Kirweiler.........	Sarralbe.
Kleinfrankenheim.....	»	Truchtersheim.
Kleingoeft..........	»	Marmoutiers.
Knoeringen..........	»	Huningue.
Knoersheim.........	»	Marmoutiers.
Knutange............	Kneuttingen........	Fontoy.
Koenigsmacker.......	Königs-Machern....	Metzerwisse.
Koestlach..........	»	Ferrette.
Koetzingen.........	»	Landser.

NOMS DES COMMUNES	NOMS ALLEMANDS	CANTONS
Kogenheim	"	Benfeld.
Kolbsheim	"	Schiltigheim.
Kontz-Basse	Niederkontz	Sierck.
Kontz-Haute	Oberkontz	Sierck.
Krautergersheim	"	Obernai.
Krautweiler	"	Brumath.
Kriegsheim	"	Brumath.
Kruth	"	Saint-Amarin.
Kuhlendorf	"	Soultz-sous-Forêts.
Kunheim	"	Andolsheim.
Kurtzenhausen	Kurzenhausen	Brumath.
Kuttolsheim	"	Truchtersheim.
Kutzenhausen	"	Soultz-sous-Forêts.
La Baroche	Zell	La Poutroye.
La Broque	Vorbrück	Schirmeck.
La Chambre	Kammern	Saint-Avold.
La Frimbolle	Lascemborn	Lorquin.
Lagarde	"	Vic.
Lalaye	Laach	Rohrbach.
Lallemand-Rombach	Deutsch-Rumbach	Sainte-Marie-aux-Mines.
Lambach	"	Rohrbach.
Lampertheim	"	Schiltigheim.
Lampertsloch	"	Woerth.
Landange	Laudingen	Lorquin.
Landersheim	"	Marmoutiers.
Landonvillers	"	Pange.
Landroff	"	Grostenquin.
Landser	"	Landser.
Laneuveville-en-Saulnois	"	Delme.
Langatte	Langd	Sarrebourg.
Langensultzbach	"	Woerth.
Languimberg	Langenberg	Réchicourt.
Laning	Lanningen	Grostenquin.
La Petite-Pierre	Lützelstein	La Petite-Pierre.
La Poutroye	Schnierlach	La Poutroye.
Laquenenexy	"	Pange.
Largitzen	"	Hirsingue.
Laubach	"	Woerth.
Laumesfeld	"	Sierck.
Launstroff	Launsdorf	Sierck.

NOMS DES COMMUNES	NOMS ALLEMANDS	CANTONS
Lautenbach...........	"	Guebwiller.
Lautenbach-Zell.......	"	Guebwiller.
Lauterbourg.........	"	Lauterbourg.
Lauw...............	Aue...............	Massevaux.
La Walck........ .	Walk..............	Niederbronn.
La Wantzenau.......	Wanzenau..........	Brumath.
Leimbach...........	"	Thann.
Leiterswiller.........	Leitersweiler.......	Soultz-sous-Forêts.
Lelling..............	Lellingen......... .	Grostenquin.
Lembach...........	"	Wissembourg.
Lemberg............	"	Bitche.
Lemoncourt.........	"	Delme.
Lemud..............	"	Pange.
Lengelsheim..........	"	Volmunster.
Lening..............	Leiningen...	Albestroff.
Le Sablon..........	Sablon.............	Metz.
Les Etangs.......... .	Tennschen..........	Vigy.
Lesse..............	"	Delme.
Lessy..............	"	Gorze.
Leutenheim.	"	Bischwiller.
Lévoncourt..........	Luffendorf.........	Ferrette.
Ley................	"	Vic.
Leymen............	Leimen............	Huningue.
Leyviller............	Leyweiler..........	Grostenquin.
Lezey......	"	Vic.
L'Hôpital..........	Spittel.............	Saint-Avold.
Lichtemberg.........	"	La Petite-Pierre.
Lidrequin...........	Linderchen.........	Château-Salins.
Lidrezing...........	Liedersingen.......	Dieuze.
Liebentzwiller........	Liebenzweiler.......	Huningue.
Liebsdorf...........	"	Ferrette.
Liederscheidt........	Liederscheid........	Bitche.
Liéhon.............	"	Verny.
Liepvre.....	Leberau..	Ste-Marie-aux-Mines.
Ligsdorff...........	Lüxdorf............	Ferrette.
Limersheim..........	"	Erstein.
Lindre-Basse........	"	Dieuze.
Lindre-Haute.	"	Dieuze.
Lingolsheim..........	"	Geispolsheim.
Linthal	"	Guebwiller.
Liocourt............	"	Delme.
Lipsheim	"	Geispolsheim.

NOMS DES COMMUNES	NOMS ALLEMANDS	CANTONS
Littenheim....	»	Saverne.
Lixhausen...........	»	Hochfelden.
Lixheim	»	Phalsbourg.
Lixing-lès-Landroff ...	Lixingen...........	Grostenquin.
Lixing-lès-Rouh.......	Lixingen...........	Sarreguemines.
Lobsann.............	»	Soultz-sur-Forêts.
Lochwiller...........	Lochweiler........	Marmoutiers.
Loglenheim....	Logelnheim..... ...	Neufbrisach.
Lohr................	»	La Petite-Pierre.
Lommerange..........	Lommeringen.......	Fontoy.
Longeville-lès-Metz ...	Longeville-bei-Metz .	Metz.
Longeville-lès-St-Avold	Lubeln.............	Faulquemont.
Lorentzen...........	Lorenzen...........	Sarre-Union.
Lorh................	Lohr...............	Albestroff.
Lorquin......	Lörchingen	Lorquin.
Lorry-lès-Metz........	Lorry-bei-Metz	Metz.
Lorry-devant-les-Ponts.	Lorry-Mardigny.....	Verny.
Lostroff.............	Losdorf............	Albestroff.
Loudrefang.	Lauterfangen........	Faulquemont.
Loudrefing.....	Lauterfingen........	Albestroff.
Loupershausen........	Lupershausen.......	Sarreguemines.
Loutremange....... . .	Lautermingen.	Boulay.
Loutzwiller..........	Lutzweiler..........	Volmunster.
Louvigny...	»	Verny.
Lubécourt...........	»	Château-Salins.
Lucelle	Lützel	Ferrette.
Lucy............ ...	»	Delme.
Lumschweiler...... ..	»	Altkirch.
Luppy	»	Pange.
Lupstein......	»	Saverne.
Lutran.............	Luttern	Dannemarie.
Luttange.	Lüttingen..........	Metzerwisse.
Luttenbach..........	»	Munster.
Lutter.............	»	Ferrette.
Lutterbach..........	»	Mulhouse-nord.
Lutzelbourg..........	»	Phalsbourg.
Lutzelhausen........ .	»	Molsheim.
Macheren...........	Machern...........	Saint-Avold.
Machshenheim..... ..	Mackenheim	Markolsheim.
Mackwiller..........	Mackweiler.........	Drulingen.
Maennolsheim	»	Saverne.
Magny.......	»	Verny.

NOMS DES COMMUNES	NOMS ALLEMANDS	CANTONS
Magny	Menglatt	Dannemarie.
Magstatt-le-Bas	»	Landser.
Magstatt-le-Haut	»	Faulquemont.
Mainvillers	Maiweiler	Landser.
Maizeroy	»	Pange.
Maizery	»	Pange.
Maizières	»	Vic.
Maizières-lès-Metz	Maizières-bei-Metz	Metz.
Malaucourt	»	Delme.
Malling	Mallingen	Sierck.
Malmerspach	»	Saint-Amarin.
Malroy	»	Vigy.
Manderen	Mandern	Sierck.
Manhoué	»	Château-Salins.
Manom	Monhofen	Thionville.
Manspach	Mansbach	Dannemarie.
Many	Niederum	Faulquemont.
Marange-Silvange	»	Metz.
Marckholsheim	Markolsheim	Marckolsheim.
Marieulles	»	Verny.
Marimont	»	Albestroff.
Marlenheim	»	Wasselonne.
Marly	»	Verny.
Marmoutiers	Maurmünster	Marmoutiers.
Marsal	»	Vic.
Marsilly	»	Pange.
Marspich	»	Thionville.
Marthil	»	Delme.
Massevaux	Masmünster	Massevaux.
Mattstatt	»	Wœrth.
Matzenheim	»	Benfeld.
Maxe	»	Metz.
Maxstatt	Maxstadt	Grostenquin.
Méclauves	»	Verny.
Mégange	Mengen	Boulay.
Meisenthal	»	Bitche.
Meissengott	Meisengott	Villé.
Meistratzheim	»	Obernai.
Melsheim	»	Hochfelden.
Memmelshoffen	Memmelshofen	Soultz-sous-Forêts.
Menchhofen	»	Bouxwiller.
Mercy-lès-Metz	Mercy-bei-Metz	Pange.

NOMS DES COMMUNES	NOMS ALLEMANDS	CANTONS
Merkwiller	Merkweiler	Soultz-sous-Foréts.
Merlebach	Merlenbach	Forbach.
Merschwiller	Merschweiler	Sierck.
Merten	»	Bouzonville.
Mertzen	Merzen	Hirsingue.
Mertzwiller	Merzweiler	Niederbronn.
Mersheim	»	Soultz.
Métairies de St-Quirin.	»	Lorquin.
Metting	Mettingen	Phalsbourg.
Metz	»	Metz.
Metzeral	»	Munster.
Metzeresch	»	Metzerwisse.
Metzerwisse	Metzerwiese	Metzerwisse.
Metzing	Metzingen	Forbach.
Méy	»	Metz.
Meyenheim	Meienheim	Ensisheim.
Mickelbach	Michelbach	Thann.
Mickelbach-le-Bas	Niedermichelbach	Huningue.
Mickelbach-le-Haut	Obermichelbach	Huningue.
Mietesheim	»	Niederbronn.
Minwersheim	»	Hochfelden.
Mitschdorf	»	Woerth.
Mittelbergheim	»	Barr.
Mittelbronn	»	Phalsbourg.
Mittelhausbergen	»	Schiltigheim
Mittelhausen	»	Hochfelden.
Mittelmunpach	»	Ferrette.
Mittelschaeffolsheim	»	Brumath.
Mittelwihr	Mittelweier	Kaysersberg.
Mittersheim	»	Fénestrange.
Mitzach	»	Saint-Amarin.
Moernach	»	Ferrette.
Mollau	»	Saint-Amarin.
Mollkirch	»	Rosheim.
Molring	Molringen	Albestroff.
Molsheim	»	Molsheim.
Momestroff	Momersdorf	Boulay.
Mommenheim	»	Brumath.
Moncheux	»	Verny.
Moncourt	»	Vic.
Mondorf	»	Cattenom.
Monneren	»	Metzerwisse.

NOMS DES COMMUNES	NOMS ALLEMANDS	CANTONS
Monswiller	Monsweiler	Saverne.
Montbronn	Mombronn	Rohrbach.
Montdidier	"	Albestroff.
Montenach	"	Sierck.
Montigny-lès-Metz	Montigny-bei-Metz	Metz.
Montois-la-Montagne	"	Metz.
Montoy	"	Pange.
Montreux-Jeune	Jungmünsterol	Dannemarie.
Montreux-Vieux	Altmünsterol	Dannemarie.
Moos	"	Ferrette.
Moosch	"	Saint-Amarin.
Morange	Mehringen-Zondringen	Faulquemont.
Morhange	Mörchingen	Grostenquin.
Morsbach	"	Forbach.
Morsbronn	"	Woerth.
Morschwiller	Morschweiler	Haguenau.
Mortzwiller	Morzweiler	Massevaux.
Morville-sur-Nied	Morville-an-der-Nied	Delme.
Morville-lès-Vic	Morville-bei-Vic	Château-Salins.
Mothern	"	Seltz.
Moulins-lès-Metz	Moulins-bei-Metz	Metz.
Mouterhausen	Mutterhausen	Bitche.
Moussey	"	Réchicourt.
Moyenvic		Vic.
Moyeuvre-grande		Thionville.
Moyeuvre-petite		Thionville.
Muhlbach		Munster.
Muhlbach		Rosheim.
Muhlhausen		Bouxwiller.
Mulcey		Dieuze.
Mulhouse	Mülhausen	Mulhouse N. et S.
Munchhausen		Ensisheim.
Munchhausen		Seltz.
Mundolsheim		Schiltigheim.
Munster		Albestroff.
Munster		Munster.
Muntzenheim	Munzenheim	Andolsheim.
Munwiller	Munweiler	Ensisheim.
Munzthal-Saint-Louis		Bitche.
Murbach		Guebwiller.
Mussig		Marckholsheim.
Muttersholz	"	Marckholsheim.

NOMS DES COMMUNES	NOMS ALLEMANDS	CANTONS
Mutzenhausen.........	»	Hochfelden.
Mutzig...............	»	Molsheim.
Nambsheim..........	»	Neufbrisach.
Narbéfontaine.	Memersbronn.......	Boulay.
Natzvillers...........	Natzweiler....	Schirmeck.
Nebing	»	Albestroff.
Neewiller...........	Neerweiler-bei-Lauterburg	Lauterbourg.
Nehwiller-lès-Wœrth..	Nehweiler-bei-Wörth	Woerth.
Nelling.............	Nellingen....	Sarralbe.
Neubois	Gereuth...........	Villé.
Neufbrisach..........	Neubreisach	Neufbrisach.
Neufchef......	Neunhäuser........	Fontoy.
Neufgrange	Neuscheuern.	Sarreguemines.
Neufmoulins	»	Lorquin.
Neufvillage	»	Albestroff.
Neugartheim.........	»	Truchtersheim.
Neuhoeusel	»	Bischwiller.
Neunkirchen.........	'	Bouzonville.
Neunkirchen.........	»	Sarreguemines.
Neuve-Eglise........	Neukirch	Villé.
Neuville-lès-Lorquin ..	La Neuveville-bei-Lörchingen..	Lorquin.
Neuvillers-la-Roche ...	Neuweiler	Schirmeck.
Neuwiller...........	Neuweiler	Huningue.
Neuwiller...........	Neuweiler	La Petite-Pierre.
Niderhoff...........	Niederhof..........	Lorquin.
Niederbetschdorf	»	Soultz-sous-Forêts.
Niederbronn..........	»	Niederbronn.
Niederbruck	»	Massevaux.
Niederentzen.........	Niederenzen	Ensisheim.
Niederhaslach........	»	Molsheim.
Niederhausbergheim ..	»	Schiltigheim.
Niederhergheim	»	Ensisheim.
Niederlarg.......... .	»	Hirsingen.
Niederlauterbach......	»	Lauterbourg.
Niedermodern........	»	Bouxwiller.
Niedermorschwihr	Niedermorschweier .	Kaysersberg.
Niedermorschwiller...	Niedermorschweiler.	Mulhouse-sud.
Niedermuspach	»	Ferrette.
Niedernai	Niederehnheim......	Obernai.
Niederrœdern........	»	Seltz.
Niederschaeffolsheim..	»	Haguenau.
Niederseebach........	»	Wissembourg.

NOMS DES COMMUNES	NOMS ALLEMANDS	CANTONS
Niedersoultzbach......	Niedersulzbach......	Bouxwiller.
Niedersteinbach.......	»	Wissembourg.
Niederstinzel	»	Fénestrange.
Niederviller........ ..	Niederweiler.... ...	Sarrebourg.
Niederwisse	Niederwiese	Boulay.
Niffer......	»	Habsheim.
Nilvange........... .	Nilvingen...........	Fontoy.
Nitting	»	Lorquin.
Noisseville...........	»	Vigy.
Nordhausen...........	»	Erstein.
Nordheim...........	/	Wasselonne.
Norroy-le-Veneur......	»	Metz.
Nothalten........ ..	»	Barr.
Nouilly.............	»	Vigy.
Nousseviller-lès-Volmunster... ..	Nussweiler.........	Volmunster.
Nousseviller........ .	Nussweiler.........	Forbach.
Novéant-sur-Moselle...	Novéant...	Gorze.
Obenheim...........	»	Erstein.
Oberbetschdorf.......	»	Soultz-sous-Forêts.
Oberbronn..... ...	»	Niederbronn.
Oberbruck......... ..	»	Massevaux.
Oberdorf........ ..	»	Woerth.
Oberdorff...........	Oberdorf...........	Bouzonville.
Oberdorff...........	Oberdorf...........	Hirsingue.
Oberentzen..........	Oberenzen..........	Ensisheim.
Obergailbach.........	»	Volmunster.
Oberhaslach	»	Molsheim.
Oberhausbergen	»	Schiltigheim.
Oberhergheim	»	Ensisheim.
Oberhoffen........ ..	Oberhofen	Wissembourg.
Oberlarg........ ..	»	Ferrette.
Oberlauterbach	»	Seltz.
Obermodern	»	Bouxwiller.
Obermorschwihr......	Obermorschweier...	Wintzenheim.
Obermorschwiller.... .	Obermorschweiler...	Altkirch.
Obermuspach........ .	»	Ferrette.
Obernai...	Oberehnheim	Obernai.
Oberroedern........	»	Soultz-sous-Forêts.
Oberschaeffolsheim ...	»	Schiltigheim.
Oberseebach.........	»	Wissembourg.
Obersoultzbach.......	Obersulzbach	Bouxwiller.
Obersteinbach....... ..	»	Wissembourg.

NOMS DES COMMUNES	NOMS ALLEMANDS	CANTONS
Oberstinzel	»	Fénestrange.
Oberwiesse	Oberwiese	Boulay.
Obreck	»	Château-Salins.
Oderen	Odern	Saint-Amarin.
Odratzheim	»	Wasselonne.
Oermingen	»	Sarre-Union.
Oeting	Oetingen	Forbach.
Oeutrange	Oetringen	Cattenom.
Offendorf	»	Bischwiller.
Offenheim	»	Truchtersheim.
Offwiller	Offweiler	Niederbronn.
Ogy	»	Pange.
Ohlungen	»	Haguenau.
Ohnenheim	»	Marckolsheim.
Oltingen	»	Ferrette.
Olwisheim	»	Brumath.
Ommeray	»	Vic.
Orbey	Urbeis	La Poutroye.
Oriocourt	»	Delme.
Ormerswiller	Ormersweiler	Volmunster.
Orny	»	Verny.
Oron	»	Delme.
Orschwihr	Orschweier	Guebwiller.
Orschwiller	Orschweiler	Schlestadt.
Osenbach	»	Roufach.
Osthausen	»	Erstein.
Ostheim	»	Kaysersberg.
Osthoffen	Osthofen	Truchtersheim.
Ostwald	»	Geispolsheim.
Ottange	Oettingen	Cattenom.
Ottersthal	»	Saverne.
Otterswiller	Ottersweiler	Marmoutiers.
Ottmarsheim	»	Habsheim.
Ottonville	Ottendorf	Boulay.
Ottrott	»	Rosheim.
Ottwiller	Ottweiler	Drulingen.
Oudren	Udern	Metzerwisse.
Pagny-lès-Goin	Pagny-bei-Goin	Verny.
Pange	»	Pange.
Peltre	»	Verny.
Petersbach	»	La Petite-Pierre.
Petit-Landau	Klein-Landau	Habsheim.

NOMS DES COMMUNES	NOMS ALLEMANDS	CANTONS
Petit-Rederching......	Klein-Rederchingen.	Rohrbach.
Petite-Rosselle.......	Klein-Rosseln.......	Forbach.
Petit-Tenquin........	Kleintänchen	Grostenquin.
Pettoncourt..........	»	Château-Salins.
Pevange.............	Pewingen..........	Château-Salins.
Pfaffenheim..........	»	Rouffach.
Pfaffenhoffen........	Pfaffenhofen........	Bouxwiller.
Pfalzweyer...........	Pfalzweier..........	La Petite-Pierre.
Pfastatt.............	»	Mulhouse-nord.
Pfetterhausen........	»	Hirsingue.
Pfettisheim..........	»	Truchtersheim.
Pfulgriesheim	»	Truchtersheim.
Phalsbourg..........	Pfalzburg..........	Phalsbourg.
Philipsbourg.........	Philippsburg.......	Bitche.
Piblange.............	Pieblingen..........	Boulay.
Pierrevillers.........	»	Metz.
Pistorf	Pisdorf	Drulingen.
Plaine..............	»	Saales.
Plaine de Valsch......	»	Sarrebourg.
Plantières	»	Metz.
Plappeville..........	»	Metz.
Plesnois............	»	Metz.
Plobsheim..........	»	Geispolsheim.
Pommérieux.........	»	Verny.
Pontoy.............	»	Verny.
Pont-Pierre.........	Steinbiedersdorf	Faulquemont.
Porcelette..........	»	Saint-Avold.
Postroff............	Postdorf...........	Fénestrange.
Pouilly	»	Verny.
Pournoy-la-Chétive ...	»	Verny.
Pournoy-la-Grasse....	»	Verny.
Preuschdorf	»	Wœrth.
Prévocourt..........	»	Delme.
Prinzheim...........	»	Saverne.
Puberg.............	»	La Petite-Pierre.
Pulversheim.........	»	Ensisheim.
Puttelange-lès-Bodemack	Püttlingen	Cattenom.
Puttelange..........	Püttlingen	Sarralbe.
Puttigny...........	»	Château-Salins.
Puzieux	»	Delme.
Quatzenheim........	»	Truchtersheim.
Racrange...........	Rakringen..........	Grostenquin.

NOMS DES COMMUNES	NOMS ALLEMANDS	CANTONS
Raedersheim..........	»	Soultz.
Raedershoff..........	Raedersdorf........	Ferrette.
Rahling..............	Rahlingen..........	Rohrbach.
Rammerstatt.........	»	Thann.
Randzwiller..........	Rantsweiler........	Landser.
Rangen..............	»	Marmoutiers.
Ranguevaux..........	Rangwall..........	Thionville.
Ranrupt.............	»	Saales.
Ranspach............	»	Saint-Amarin.
Ranspach-le-Bas......	Niederranspach.....	Huningue.
Ranspach-le-Haut.....	Oberranspach.......	Huningue.
Ratzwiller...........	Ratzweiler.........	Sarre-Union.
Rauwiller............	Rauweeiler........	Drulingen.
Raville..............	Rollingen..........	Pange.
Réchicourt-le-Château.	Rixingen...........	Réchicourt.
Redange.............	Redingen..........	Fontoy.
Reding..............	Rieding...........	Sarrebourg.
Reguisheim..........	Regisheim.........	Ensisheim.
Reichsfeld...........	»	Barr.
Reichstett...........	»	Schiltigheim.
Reimerswiller........	Reimerweiler.......	Soultz-sous-Forêts.
Reinhardsmunster....	»	Marmoutiers.
Reiningen...........	»	Mulhouse-nord.
Reipertswiller........	Reipertsweiler......	La Petite-Pierre.
Reischhoffen.........	Reichshofen........	Niederbronn.
Reitwiller...........	Reitweiler.........	Truchtersheim.
Rémelfang...........	Remelfangen.......	Bouzonville.
Remelfing...........	Remelfingen.......	Sarreguemines.
Remeling............	Reigmelinen.......	Sierck.
Rémering............	Reimeringen.......	Bouzonville.
Rémering............	Remeringen.......	Sarrealbe.
Rémilly.............	»	Pange.
Rening.............	Reiningen..........	Albestroff.
Rentzen.............	Niederrentzen......	Cattenom.
Rethel..............	Rettel............	Sierck.
Retoufey............	»	Pange.
Retschwiller.........	Retschweiler.......	Soultz-sous-Forêts.
Retzwiller...........	Retzweiler.........	Dannemarie.
Reutenbourg.........	»	Marmoutiers.
Rexingen............	»	Drulingen.
Reyersviller.........	Regersweiler.......	Bitche.
Rezonville...........	»	Gorze.

NOMS DES COMMUNES	NOMS ALLEMANDS	CANTONS
Rhinau	Rheinau	Benfeld.
Rhodes	Rodt	Sarrebourg.
Ribeauvillé	Rappoltsweiler	Ribeauvillé.
Riche	Reich	Château-Salins.
Richeling	Richlingen	Sarralbe.
Richemont	Reichersberg	Thionville.
Richeval	»	Réchicourt.
Richtolsheim	»	Marckholsheim.
Richwiller	Reichweiler	Mulhouse-nord.
Riedheim	»	Bouxwiller.
Riedisheim	»	Habsheim.
Riedseltz	Riedselz	Wissembourg.
Riedwihr	Riedweier	Andolsheim.
Riespach	»	Hirsingue.
Rimbach	»	Massevaux.
Rimbach	»	Guebwiller.
Rimbach-Zell	»	Guebwiller.
Rimeling	Rimlingen	Volmunster.
Rimsdorf	»	Sarre-Union.
Ringeldorf	»	Hochfelden.
Ringendorf	»	Hochfelden.
Riquewihr	Reichenweier	Kaysersberg.
Rittershoffen	Rittershofen	Soultz-sous-Forêts.
Rixheim	»	Habsheim.
Rochonvillers	Ruxweiler	Cattenom.
Rodalbe	Rodalben	Albestroff.
Rodemack	Rodemachern	Cattenom.
Roderen	Rodern	Ribeauvillé.
Roderen	Rodern (Hohrodern).	Thann.
Rœschwoog	»	Bischviller.
Roggenhausen	»	Ensisheim.
Rohr	»	Truchtersheim.
Rohrbach	»	Rohrbach.
Rohrschwihr	Rohrschweier	Ribeauvillé.
Rohrwiller	Rohrweiler	Bischviller.
Rolbing	Rolbingen	Volmunster.
Romagny	Willern	Dannemarie.
Romanswiller	Romansweiler	Wasselonne.
Rombas	Rombach	Metz.
Romelfing	Rommelfingen	Fénestrange.
Roncourt	»	Metz.
Roppenheim	»	Bischwiller.

NOMS DES COMMUNES	NOMS ALLEMANDS	CANTONS
Roppentzwiller	Roppenzweiler	Ferrette.
Roppewiller	Roppweiler	Bitche.
Rorbach	Rohrbach	Dieuze.
Rosbruck	Rossbrücken	Forbach.
Rosenau	»	Huningue.
Rosenwiller	Rosenweiler	Rosheim.
Rosheim	»	Rosheim.
Rosselange	Rosslingen	Thionville.
Rossfeld	»	Benfeld.
Rosteig	»	La Petite-Pierre.
Rothau	»	Schirmeck.
Rothbach	»	Niederbronn.
Rott	Roth	Wissembourg.
Rottelsheim	»	Brumath.
Rouffach	Rufach	Rouffach.
Rouhling	Ruhlingen	Sarreguemines.
Roupeldange	Ruplingen	Boulay.
Roussey-le-Village	Rüttgen	Cattenom.
Rozérieulles	»	Gorze.
Ruetterbach	Rüderbach	Hirsingue.
Rulisheim	»	Habsheim.
Rumersheim	»	Ensisheim.
Rumersheim	»	Truchtersheim.
Runtzenheim	Runzenheim	Bischwiller.
Rurange	Rorchingen	Metzerwisse.
Rusdorff	Rüsdorf	Sierck.
Russ	»	Schirmeck.
Russange	Rüssingen	Fontoy.
Russing	Ritzingen	Sierck.
Rustenhart	»	Ensisheim.
Saales	»	Saales.
Saarwerden	»	Sarre-Union.
Saasen	Obersaasheim	Neufbrisach.
Saasenheim	»	Marckolsheim.
Saesolsheim	»	Hochfelden.
Sailly	»	Verny.
Saint-Amarin	»	Saint-Amarin.
Saint-Avold	»	Saint-Avold.
Sainte-Barbe	»	Vigy.
Saint-Bernard	»	Bouzonville.
Saint-Blaise-la-Roche	Sanct-Blaise	Saales.
Saint-Côme	Sanct-Cosman	Dannemarie.

NOMS DES COMMUNES	NOMS ALLEMANDS	CANTONS
Sainte-Croix-aux-Mines	Sanct-Kreuz-im-Leberthal	Sainte-Marie-aux-Mines.
Sainte-Croix-en-Plaine	Heilig-Kreuz........	Colmar.
Sainte-Epvre.........	»	Delme.
Saint-François........	Sanct-Franz........	Bouzonville.
Saint-Georges.... ...	Sanct-Georg	Réchicourt.
Saint-Hippolyte......	Sanct-Pilt..........	Ribeauvillé.
St-Jean-Courtzerode ..	Sanct-Johann Kurtzerode......	Phalsbourg.
Saint-Jean-de-Bassel..	St-Johann-von-Bassel	Fénestrange.
Saint-Jean-des-Choux..	Sanct-Johann-bei-Zabern.....	Saverne.
Saint-Jean-Rohrbach..	Johanns-Rohrbach...	Sarralbe.
Saint-Julien-lès-Metz..	St-Julien-bei-Metz...	Metz.
Saint-Jure...........	»	Verny.
Saint-Louis........ ..	»	Phalsbourg.
Saint-Louis..........	Sanct-Ludwig.......	Huningue.
Ste-Marie-aux-Chènes.	»	Metz.
Sainte-Marie-de-Bickenholtz.....	Bickenholz..........	Fénestrange.
Ste-Marie-aux-Mines.	Markirch	Sainte-Marie-aux-Mines.
Saint-Martin.........	»	Villé.
Saint-Maurice........	Sanct-Moritz.......	Villé.
Saint-Médard........	»	Dieuze.
Saint-Nabor	»	Rosheim.
Saint-Pierre	Sanct-Peter	Barr.
Saint-Pierre-Bois.....	Sanct-Petersholz....	Villé.
Saint-Privat.........	»	Metz.
Saint-Quirin........ .	»	Lorquin.
Sainte-Ruffine	»	Metz.
Saint-Ulrich	»	Hirsingue.
Salenthal	»	Marmoutiers.
Salmbach............	»	Lauterbourg.
Salonnes...	»	Château-Salins.
Sand	»	Benfeld.
Sarralbe.............	Saaralben...... ...	Sarralbe.
Sarraltroff...........	Saaraltdorf	Fénestrange.
Sarrebourg..........	Saarburg	Sarrebourg.
Sarreguemines.......	Saargemünd........	Sarreguemines.
Sarreinsberg	Saareinsberg.......	Bitche.
Sarreinsming........	Saareinsmingen	Sarreguemines.
Sarre-Union.........	»	Sarre-Union.
Saulny..............	»	Metz.
Saulxures...........	»	Saales.
Saury-lès-Vigy.......	Saury-bei-Vigy......	Vigy.
Saury-sur-Nied.	Saury-an-der-Nied..	Pange.

NOMS DES COMMUNES	NOMS ALLEMANDS	CANTONS
Sausheim.............	"	Habsheim.
Saverne..............	Zabern..............	Saverne.
Schaeffersheim	"	Erstein.
Schaffhausen..........	"	Hochfelden.
Schaffhausen	"	Seltz.
Schalbach.............	"	Fénestrange.
Schalkendorf..........	"	Bouxwiller.
Scharrachbergheim ...	"	Wasselonne.
Scheibenhard.........	"	Lauterbourg.
Scherlenheim.........	"	Hochfelden.
Scherwiller..........	Scherweiler........	Schlestadt.
Schillersdorf..........	"	Bouxwiller.
Schiltigheim	"	Schiltigheim.
Schirhoffen..........	Schirrhofen........	Bischwiller.
Schirmeck...........	"	Schirmeck.
Schirrhein......... ..	"	Bischwiller.
Schleithal............	"	Wissembourg.
Schlestadt...........	Schlettstadt........	Schlestadt.
Schlierbach..........	"	Landser.
Schmittwiller.........	Schmittweiler.......	Rohrbach.
Schneckenbusch	"	Sarrebourg.
Schnersheim..........	"	Truchtersheim
Schoenau.............	"	Marckolsheim.
Schoenbourg	"	La Petite-Pierre.
Schoenenbourg	"	Soultz-sous-Forêts.
Schopperten	"	Saar-Union.
Schorbach............	"	Bitche.
Schremange	Schremingen	Thionville.
Schwabwiller	Schwabweiler.......	Soultz-sous-Forêts.
Schweighausen	"	Haguenau.
Schweighausen	"	Cernay.
Schweinheim	"	Marmoutiers.
Schwerdorff..........	Schwerdorf.........	Bouzonville.
Schweyen	"	Volmunster.
Schwindratzheim	"	Hochfelden.
Schwoben	"	Altkirck.
Schwobsheim	"	Marckholsheim.
Scy-Chazelles	Scy.................	Metz
Secourt	"	Verny.
Seingbouse	Sengbusch	Saint-Avold.
Seltz	Selz................	Seltz.
Semécourt...........	"	Metz.

NOMS DES COMMUNES	NOMS ALLEMANDS	CANTONS
Sentheim.............	*	Massevaux.
Sentich..............	Sentzich............	Cattenom.
Seppois-le-Bas........	Niedersept..........	Hirsingue.
Seppois-le-Haut.......	Obersept............	Hirsingue.
Sermersheim.........	*	Benfeld.
Servigny-lès-Raville..	Silbernachen........	Pange.
Servigny-lès-Sᵗᵉ-Barbe	Servigny-bei-Sainte-Barbe....	Vigy.
Sessenheim...........	Sesenheim..........	Bischwiller.
Sewen...............	"	Massevaux.
Sickert..............	"	Massevaux.
Siegen...............	*	Seltz.
Sierck...............	*	Sierck.
Sierentz.............	Sierenz............	Landser.
Siersthal............	"	Rohrbach
Siewiller............	Sieweiler..........	Drulingen.
Sigolsheim..........	"	Kaysersberg.
Sillegny.............	"	Verny.
Silly-en-Saulnois.....	"	Verny.
Silly-sur-Nied.......	Sillers............	Pange.
Siltzheim............	Silzheim...........	Sarre-Union.
Singrist.............	"	Marmoutiers.
Solbach.............	"	Schirmeck.
Solgne..............	"	Verny.
Sondernach..........	"	Munster.
Sondersdorf..........	*	Ferrette.
Soppe-le-Bas.........	Niedersulzbach.....	Massevaux.
Soppe-le-Haut........	Obersulzbach.......	Massevaux.
Sorbey.............	"	Pange.
Sotzeling...........	"	Château-Salins.
Soucht.............	Sucht.............	Rohrbach.
Souffelnheim.........	Sufflenheim........	Bischwiller.
Souffelsveyersheim...	Suffelsveirsheim....	Schiltigheim.
Soultz.............	Sulz.............	Soultz.
Soultzbach..........	Sulzbach..........	Munster.
Soultz-les-Bains.....	Sulzbad...........	Molsheim.
Soultzmatt..........	Sulzmatt..........	Roufach.
Soultz-sous-Forêts....	Sulz-under-Wald....	Soultz-sous-Forêts.
Sparsbach...........	*	La Petite-Pierre.
Spechbach-le-Bas.....	Niederspechbach...	Altkirch.
Spechbach-le-Haut....	Oberspechbach.....	Altkirch.
Spicheren...........	Speichern..........	Forbach.
Staffelden...........	Staffelfelden.	Cernay.

NOMS DES COMMUNES	NOMS ALLEMANDS	CANTONS
Stattmatten...........	"	Bischwiller.
Steigé..............	Steige.............	Villé.
Steinbach............	"	Cernay.
Steinbourg...........	"	Saverne.
Steinbrunn-le-Bas	Niedersteinbrunn ...	Landser.
Steinbrunn-le-Haut ...	Obersteinbrunn	Landser.
Steinseltz............	Steinselz	Wissembourg.
Steinsultz............	"	Hirsingue.
Sternenberg	"	Dannemarie.
Stetten	"	Landser.
Still	"	Molsheim.
Stiring-Wendel	Stieringen Wendel ..	Forbach.
Storckensohn.........	Storkensauen.......	Saint-Amarin.
Stosswihr............	Stossweier	Munster.
Stotzheim	"	Barr.
Strasbourg...........	Strassburg	Strasbourg.
Strueth..............	Strüth.............	Hirsingue.
Struth..............	"	La Petite-Pierre.
Stundwiller	Stundweiler........	Seltz.
Sturzelbronn.........	"	Bitche.
Stutzheim	"	Truchtersheim.
Suisse..............	Sülzen	Grostenquin.
Sultzeren	Sulzern	Munster.
Sundhausen	"	Marckholsheim.
Sundhoffen...........	Sundhofen.........	Andolsheim.
Surbourg............	"	Soultz-sous-Forêts.
Tagolsheim..........	"	Altkirch.
Tagsdorf	"	Altkirch.
Talange	Talingen...........	Metz.
Tarquimpol..........	Tarquinpol.........	Dieuze.
Tenteling...........	Tentelingen	Forbach.
Teterchen...........	"	Boulay.
Teting	Tetingen...........	Faulquemont.
Thal...............	Thal bei Drulingen..	Drulingen.
Thal...............	Thal bei Maurmünster	Marmoutiers.
Thann..............	"	Thann.
Thannenkirch........	"	Ribeauvillé.
Thanville	Thannweiler	Villé.
Theding	Thedingen..........	Forbach.
Thicourt............	Diedersdorf........	Faulquemont.
Thimonville	"	Pange.
Thionville	Diedenhofen........	Thionville.

NOMS DES COMMUNES	NOMS ALLEMANDS	CANTONS
Thonville..............	»	Faulquemont.
Tieffenbach......... ..	»	La Petite-Pierre.
Tincry	»	Delme.
Torcheville	Dorsweiler.........	Albestroff.
Traenheim	»	Wasselonne.
Tragny..............	»	Pange.
Traubach-le-Bas......	Niedertraubach	Dannemarie.
Traubach-le-Haut.....	Obertraubach.......	Dannemarie.
Trémery.............	»	Vigy.
Tressange...........	Tressingen	Fontoy.
Triembach...........	»	Villé.
Trimbach	»	Seltz.
Tritteling	Trittelingen........	Faulquemont.
Trois-Fontaines	Dreibrünnen........	Sarrebourg.
Tromborn	»	Bouzonville.
Truchtersheim.......	»	Truchterstein.
Turckheim ,.........	Turkheim	Wintzenheim.
Turquestein	Türkstein	Lorquin.
Uberach.............	»	Niederbronn.
Uberkumen..........	»	Dannemarie.
Uberstrass	»	Hirsingue.
Uckange	Ueckingen..........	Thionville.
Uffheim	»	Landser.
Uffholtz	Uffholz	Cernay.
Uhlwiller............	Uhlweiler	Haguenau.
Ungersheim	»	Soultz.
Urbeis	»	Villé.
Urbès	Urbis..............	Saint-Amarin.
Urmatt	»	Molsheim.
Urschenheim	»	Audolsheim.
Urwiller............	Uhrweiler	Niederbronn.
Uttenheim	»	Erstein.
Uttenhoffen..........	Uttenhofen	Niederbronn.
Uttwiller............	Uttweiler.	Bouxwiller.
Vahl	»	Albestroff.
Vahl-Ebersing.......	»	Grostenquin.
Vahl-lès-Faulquemont.	Vahlen.......	Faulquemont.
Valdersbach	Waldersbach........	Schirmeck.
Valdieu.............	Gottesthal	Dannemarie.
Valdweistroff........	Waldweisdorf.......	Sierck.
Valdwisse...........	Valdwisse..........	Sierck.
Vallerange...........	Walleringen	Grostenquin.

NOMS DES COMMUNES	NOMS ALLEMANDS	CANTONS
Vallières............	»	Metz.
Valmont............	Walmen...........	Saint-Avold.
Valmunster..........	»	Boulay.
Valtembourg.........	Waldenburg.......	Phalsbourg.
Vannecourt..........	»	Château-Salins.
Vantoux............	»	Metz.
Vany...............	»	Metz.
Varize.............	Waibels Kirchen....	Boulay.
Vasrberg...........	»	Boulay.
Vasperviller........	Wasperweiler.......	Lorquin.
Vatimont...........	Wattersberg........	Faulquemont.
Vaudoncourt........	Wieblingen........	Pange.
Vaudreching........	Wallerchen........	Bouzonville.
Vaux..............	»	Gorze.
Vaxy..............	»	Château-Salins.
Veeckersviller.......	Weckersweiler......	Fénestrange.
Velving............	Welwingen........	Boulay.
Vendenheim........	»	Brumath.
Vergaville..........	»	Dieuze.
Vernéville..........	»	Gorze.
Verny.............	»	Verny.
Vescheim..........	Weschheim........	Phalsbourg.
Vibersviller.........	Wiebersweiler......	Albestroff.
Vic-sur-Seille.......	Vic..............	Vic.
Vieux-Ferrette.......	Alt Pfirt..........	Ferrette.
Vieux-Lixheim.......	Alt-Lixheim.......	Fénestrange.
Vieux-Thann........	Alt-Thann.........	Thann.
Vigneulles-Hautes....	Oberfillen.........	Faulquemont.
Vigny.............	»	Verny.
Vigy..............	»	Vigy.
Village-neuf........	Neudorf.........	Huningue.
Villé.............	Weiler...........	Villé.
Villers............	Weiler...........	Grostenquin.
Villers-aux-Oies.....	»	Delme.
Villers-Bettnach.....	»	Metz.
Villers-Stoncourt....	»	Pange.
Villervald..........	Willerwald........	Sarralbe.
Villing............	Willingen.........	Bouzonville.
Vilsberg...........	Wilsberg.........	Phalsbourg.
Vintersbourg........	Wintersburg.......	Phalsbourg.
Vionville..........	»	Gorze.
Virming...........	Wirmingen........	Albestroff.

NOMS DES COMMUNES	NOMS ALLEMANDS	CANTONS
Vitry	Wallingen	Thionville.
Vittersbourg	Wittersburg	Albestroff.
Vittoncourt	»	Faulquemont.
Viviers	»	Delme.
Voecklinshoffen	Vöklinshofen	Winzenheim.
Voelfling	Wälfingen bei Busendorf	Bouzonville.
Voellerdingen	»	Sarreguemines.
Vogelgrun	»	Neufbrisach.
Voiméhaut	Voimhaut	Faulquemont.
Volgelsheim	»	Neufbrisach.
Volkrange	Volkringen	Thionville.
Volksberg	»	Drulingen.
Volmerange	Wollmeringen	Cattenom.
Volmerange	Volmeringen	Boulay.
Volmunster	Wolmünster	Volmunster.
Volstroff	Wolsdorf	Metzerwisse.
Voyer	Weiher	Lorquin.
Vrémy	»	Vigy.
Vry	»	Vigy.
Vuisse	Wuisse	Château-Salins.
Vulmont	»	Verny.
Walbach	Wahlbach	Landser.
Walbach	»	Wingenheim.
Walbourg	»	Wœrth.
Waldhausen	»	Volmunster.
Waldolwisheim	»	Saverne.
Walff	Wolf	Obernai.
Walheim	»	Altkirch.
Wallenheim	Wahlenheim	Haguenau.
Walschbronn	»	Volmunster.
Walscheid	»	Sarrebourg.
Waltenheim	»	Hochfelden.
Waltenheim	»	Landser.
Waltighoffen	Waldighofen	Hirsingue.
Wangen	»	Wasselonne.
Wanginbourg	Wangenburg	Wissembourg.
Wasselonne	Wasselnheim	Wasselonne.
Wasserbourg	»	Munster.
Wattwiller	Wattweiler	Cernay.
Weckolsheim	»	Neufbrisach.
Weegscheid	Wegscheid	Massevaux.
Weinbourg	»	Bouxwiller.

NOMS DES COMMUNES	NOMS ALLEMANDS	CANTONS
Weislingen	»	Drulingen.
Weitbruch	»	Haguenau.
Weiterswiller	Weitersweiler	La Petite-Pierre.
Welferding	Wolferdingen	Sarreguemines.
Wentzwiller	Wenzweiler	Huningue.
Werentzhausen	Werenzhausen	Ferrette.
Westhalten	»	Roufach.
Westhausen	»	Erstein.
Westhausen	»	Marmoutiers.
Westhoffen	Westhofen	Wasselonne.
Wettolsheim	»	Winzenheim.
Weyer	»	Drulingen.
Weyersheim	»	Brumath.
Weymérange	Weimeringen	Thionville.
Wickerschwihr	Wickerschweier	Andolsheim.
Wickersheim	»	Hochfelden.
Widensohlen	Widensolen	Andolsheim.
Wieswiller	Wiesweiler	Sarreguemines.
Wihr-au-Val	Weier-im-Thal	Munster.
Wihr-en-laineP	Weier-auf'n-Land	Andolsheim.
Wildenstein	»	St-Amarin.
Willer	Weiler	Altkirch.
Willer	Weiler	Thann.
Willgottheim	»	Truchtersheim.
Wilsderbach	Wildersbach	Schirmeck.
Wilshausen	»	Hochfelden.
Wilwisheim	»	Hochfelden.
Wimmenau	»	La Petite-Pierre.
Winckel	Winkel	Ferrette.
Windstein	»	Niederbronn.
Wingen	»	La Petite-Pierre.
Wingen	»	Wissembourg.
Wingersheim	»	Hochfelden.
Wintershausen	»	Haguenau.
Wintzenbach	Winzenbach	Seltz.
Wintzenheim	Winzenheim	Truchtersheim.
Wintzenheim	Winzenheim	Wintzenheim.
Wisches	Wisch	Schirmeck.
Wissembourg	Weissenburg	Wissembourg.
Wittelsheim	»	Cernay.
Wittenheim	»	Mulhouse-Nord.
Witternheim	»	Benfeld.

NOMS DES COMMUNES	NOMS ALLEMANDS	CANTONS
Wittersdorf..........	,	Altkirch.
Wittersheim.........	.	Haguenau.
Wittisheim	»	Marckolsheim.
Wittring.............	Wittringen..........	Sarreguemines.
Wiwersheim.........	»	Trucktersheim.
Wœlfling............	Wölflingen bei Bliesbrücken...	Sarreguemines.
Wœllenheim.........	»	Truchtersheim.
Woerth-s-Sauer......	Wörth-an-der-Sauer.	Wœrth.
Woippy..............	»	Metz.
Wolfersdorff........	Wolfersdorf.........	Dannemarie.
Wolfgantzen.........	Wolfganzen.........	Neufbrisach.
Wolfisheim..........	»	Schiltigheim.
Wolfskirchen	»	Drulingen.
Wollscheim	»	Saverne.
Wollschwiller........	Wollschweiler.......	Ferrette.
Wolxheim...........	»	Molsheim.
Woustwiller.........	Wustweiler.........	Sarreguemines.
Wunheim............	»	Soultz.
Xanrey.............	.	Vic.
Xocourt	»	Delme.
Xouaxange	Schweixingen.......	Sarrebourg.
Yutz basse...........	Niederjeutz	Thionville.
Yutz haute...........	Oberjeutz..........	Thionville.
Zœssingen	»	Landser.
Zarbeling...........	,	Dieuze.
Zehnacker..........	.	Marmoutiers.
Zeinheim	»	Marmoutiers.
Zellemberg..........	Zellenberg..........	Kaysersberg.
Zellwiller	Zellweiler..........	Obernai.
Zetting	Settingen	Sarreguemines.
Zilling.............	Zillingen...........	Phalsbourg.
Zillisheim...........	»	Mulhouse-Sud.
Zimmerbach.........	»	Wintzenheim.
immersheim........	»	Habsheim.
Zimming............	Zimmingen	Boulay.
Zinswiller..........	Zinseiler..........	Niederbronn.
Zittersheim..........	»	La Petite-Pierre.
Zœbersdorf..........	,	Hochfelden.
Zollingen	»	Drulingen.
Zommange...........	Zimmingen	Dieuze.
Zoufftchen	Suftgen.....	Cattenom.
Zutzendorf..........	»	Bouxwiller.

LISTE N° 2

Pour retrouver le nom français d'une commune désignée par son nom allemand, il suffira de se reporter à la liste n° 1 en se rappelant :

1° Que la lettre *u* est en général remplacée par la diphtongue *ou*.

2° — *s* — — les lettres *tz*.

3° Que la terminaison *weiler* représente les terminaisons *villé, villers, willer*.

4° Que la terminaison *dorf* est souvent remplacée par la terminaison *troff*.

5° Que la terminaison *weier* est souvent remplacée par la terminaison *wihr*.

6° Que la terminaison *ingen* est souvent remplacée par les terminaisons *ange, inge* et *ing*.

7° Que les syllabes *ge* et *gie* sont généralement remplacées par les syllabes *gue, gui*.

8° Que les indications *ober* et *nieder* sont remplacées souvent par les suivantes : *haut* et *bas*.

9° Que les indications *gross, klein, alt* et *jung* signifient *grand, petit, vieux* et *jeune*.

Pour les autres noms, il y aura lieu de se reporter à la liste suivante :

NOMS ALLEMANDS	NOMS FRANÇAIS	NOMS ALLEMANDS	NOMS FRANÇAIS
Alberschwiller.	Abreschwiller.	Heilig-Kreuz.	Ste-Croix-en-Plaine.
Altmünsterol.	Montreux-Vieux.	Heinkingen	Hinckange.
Altweier.	Auburn.	Heinrichsdorf.	Henridorf.
Aserweiler.	Ancerville.	Heiweiler.	Heywiller.
Argenchen.	Arriance.	Herlingen.	Herny.
Armsdorf.	Arraincourt.	Johans Rohrbach.	Saint-Jean-Rohrbach.
Aue.	Lauw.	Jung Münsterol.	Montreux-Jeune.
Baronsweiler.	Belmagny.	Kammern.	La Chambre.
Beiern.	Beyren.	Kappel.	Diane-Capelle.
Berg (Canton de Gros-tenquin).	Berig.	Kattenhofen.	Cattenom.
		Kestenholz.	Chatenois.
Bessingen.	Bessing.	Kirchberg-am-Wald.	Kerprich-au-Bois.
Bickenholtz	Sainte-Marie-de-Bic-kenholtz.	Kleeburg.	Cleebourg.
		Klein-Bessingen.	Bezange-la-Petite.
Bidlingen.	Budling.	Klein-Moyeuvre.	Moyeuvre-Petite.
Bingen.	Bionville.	Klimbach.	Climbach.
Bizingen.	Bannay.	Kneuttingen.	Knutange.
Bliensbach.	Blancherupt.	Kochern.	Cocheren.
Böllingen.	Bellange.	Kossweiler.	Corswiller.
Bolchen.	Boulay.	Krastatt.	Crastatt.
Bollingen.	Boulange.	Kreuzwald.	Creutzwald.
Bretten.	Bretten.	Kriechingen.	Créhange.
Brittendorf.	Burtoncourt.	Kröttweiler.	Croettwiller.
Brückensweiler.	Bréchaumont.	Kuhmen.	Coume.
Buschporn.	Boucheporn.	Kurzel.	Courcelles-Chaussy
Buschdorf.	Bouzonville.	Kuttingen.	Cutting.
Contchen.	Condé-Northen.	Laach.	Lalaye.
Dagsbourg.	Dabo.	Langd.	Langatte.
Dalheim.	Dalem.	Langenberg.	Languimberg.
Dam.	Dain-en-Saulnois.	Lascemborn.	La Frimbolle.
Dammerkirch.	Dannemarie.	Lauterfangen.	Loudrefang.
Dann und Vierwinden	Danne-et-Quatre-Vents	Lauteringen.	Loudrefing.
Destrich.	Destry.	Lautermingen.	Loutremange.
Deutsch-Oth.	Audun-le-Tiche.	Leberau.	Lièpvre.
Deutsch-Rumbach.	L'allemand Rombach.	Leimen.	Leymen.
Diedenhofen.	Thionville.	Leiningen.	Lening.
Diedersdorf.	Thicourt.	Liedersingen.	Lidrezing.
Diedolshausen.	Bonhomme.	Linsdorf.	Linsdorf.
Demmelheim.	Domnom.	Lörchingen.	Lorquin.
Dorsweiler.	Torcheville.	Lohr.	Lorh.
Dreibrünnen.	Trois-Fontaines.	Lubeln.	Longeville-les-St-Avold.
Dürkastel.	Château-Voué.	Lützel.	Lucelle.
Dürlinsdorf.	Dirlinsdorf.	Lützelstein.	La Petite-Pierre.
Durchthal.	Bourd'hal.	Luxdorf.	Lisdorff.
Edelingen.	Adelange.	Luttendorf.	Levoncourt.
Egelshardt.	Eguelsberg.	Luttern.	Lutran.
Eichwald.	Chalampé.	Mainweiler.	Mainvillers.
Endorf.	Alsancourt.	Markirch.	Ste-Marie-aux-Mines.
Ernstweiler.	Ernestviller.	Masmünster.	Massevaux.
Eschen.	Achin.	Maurmünster.	Marmoutiers.
Essesdorf.	Assenoncourt	Memelsdoun.	Narbéfontaine.
Falkenberg.	Faulquemont.	Mengen.	Megange.
Fentsch.	Fontoy.	Menzlatt.	Magny.
Finstingen.	Fenestrange.	Möhringen-Lothinga.	Morange.
Füllingen.	Fouligny.	Mörchingen.	Morhange.
Gauwies.	Gawisse.	Mombronn.	Montbronn.
Geistkirch.	Juvelize.	Monhofen.	Manom.
Gelmingen.	Jommelange.	Mülhausen.	Mulhouse.
Gereuth.	Neubois.	Mutterhausen.	Moutterhausen.
Gottesthal.	Valdieu.	Neudorf.	Village-Neuf.
Gross Moyeuvre.	Moyeuvre-Grande.	Neukirch.	Neuve-Église.
Häusern.	Hutteren.	Neunhäuser.	Neuf-Clef.
Hagendingen.	Hagondange.	Neuscheuern.	Neufgrange.
Haiss.	Hayes.	Niederenhheim.	Niedernai.
Hausen.	Houssen.	Niederginingen.	Guénange.

NOMS ALLEMANDS	NOMS FRANÇAIS	NOMS ALLEMANDS	NOMS FRANÇAIS
Niederhof.	Nitzkoff.	Sillermachen.	Servigny-lès-Raville.
Niederentzen.	Reutzen.	Speichern.	Spichern.
Niedersept.	Seppois-le-Bas.	Spittel.	L'Hôpital.
Niedersulzbach.	Soppede-Bas.	Steinbiedersdorf.	Pont-Pierre.
Nieboron.	Many.	Storkensohn.	Storckensohn.
Nus-weiler.	Nousseviller.	Suttgen.	Zoufftgen.
Oberenheim.	Obernai.	Sulz.	Soultz.
Obertüllen.	Vigneuil-les-Hautes.	Sulzbad.	Soultz-les-Bains.
Oberhost.	Host.	Sulz-unter-Wald.	Soultz-sous-Forêts.
Obersaasheim.	Saesen.	Teusschen.	Les Étangs.
Obersept.	Seppois-le-Haut.	Thannweiler.	Thanville.
Obersulzbach (Canton de Masseveaux).	Soppe-le-Haut.	Turksheim.	Turquestein.
Odern.	Oberon.	Uebern.	Oudren.
Oetringen.	Oeutrange.	Ueckingen.	Uckange.
Oettingen.	Ottange.	Urbach.	Froland.
Ottendorf (Canton de Boulay).	Ottonvile.	Urbeis (Canton de la Poutroye).	Orbey.
Ottendorf (Canton de Ferrette).	Courtaven.	Urbis.	Urbés.
Pfalzburg.	Phalsbourg.	Vahlen.	Vahl-lès-Faulquemont
Pfarrebersweiler.	Farebersviller.	Veimhaut.	Voméchaut.
Pfirt.	Ferrette.	Volkensberg.	Folgensbourg.
Pieblingen.	Piblange.	Vorbruck.	La Broque.
Püttlingen.	Puttelange.	Waldskirchen.	Varize.
Rakringen.	Racrange.	Waldenburg.	Valtenbourg.
Rangwall.	Rangeveaux.	Waldersbach.	Valdersbach.
Rappoltsweiler.	Ribeauvillé.	Waldighofen.	Waldighofen.
Reich.	Riche.	Waldweisdorf.	Waldweistroff.
Reichenweier.	Riquewihr.	Waldwiese.	Waldwisse.
Reichersberg.	Richemont.	Walk.	La Walck.
Reichweiler.	Richwiller.	Wallerchen.	Vautreching.
Reimelingen.	Remeling.	Walleringen.	Vallerange.
Reimeringen.	Remering.	Wallersberg.	Valmont.
Reinitgen.	Rening.	Wallingen.	Vitry.
Rettel.	Rettel.	Walmen.	Valmont.
Rheinau.	Rhénau.	Wanzenau.	La Wantzenau.
Riesling.	Resling.	Wasserweiler.	Vasperviller.
Ritzingen.	Russing.	Wasselnheim.	Wasselonne.
Rixingen.	Réchicourt.	Weckersweiler.	Veckersviller.
Rost.	Rhodes.	Weier-auf-im-Land.	Wihr-en-Plaine.
Rörchingen.	Rurange.	Weier-im-Thal.	Wihr-au-Val.
Rohrbach (Canton de Dieuze).	Rorbach.	Weiher.	Voyer.
Rombach.	Rombas.	Weiler (Cantons d'Altkirch et de Thann).	Willer.
Rommelfingen.	Romelfing.	Weiler (Canton de Grostenquin).	Villers.
Rothendorf.	Château-Rouge.	Weiler (Canton de Villé).	Villé.
Rüderbach.	Ruetterbach.	Weissemburg.	Wissembourg.
Rüttgen.	Roussy-le-Village.	Weisskirchen.	Blanche-Eglise.
Rufach.	Rouffach.	Welschensteinbach.	Eteimbes.
Ruplingen.	Reupeldange.	Welwingen.	Velving.
Ruxweiler.	Rechonvillers.	Weschheim.	Veschheim.
Saargemünd.	Sarreguemines.	Wiestersweiler.	Vibersviller.
Sablon.	Le Sablon.	Wieblingen.	Vaudoncourt.
St Cosman.	Saint-Côme.	Willem.	Romagny.
St Franz.	Saint-François.	Willerwald.	Villervald.
St Johann bei Saverne.	Saint-Jean-les-Choux.	Willingen.	Villing.
St Kreuz in Leberthal.	Ste-Croix-aux-Mines.	Wittsberg.	Vilsberg.
St Ludwig.	Saint-Louis.	Wintersburg.	Vintersbourg.
St Moritz.	Saint-Maurice.	Wittersburg.	Vittersbourg.
St Petersholz.	Saint-Pierre-Bois.	Wöldingen bei Buzendorf.	Voelfling.
St Pilt.	Saint-Hippolyte.	Wollmeringen.	Volmerange.
Schaffnatt am Weiher	Chavannes-l'Etang.	Wollmünster.	Volmunster.
Schemerich.	Chemery.	Wolsdorf.	Volstroff.
Schlettstadt.	Schlestadt.	Wuisse.	Vuisse.
Schnierlach.	La Poutroye.	Zabern.	Saverne.
Schwixingen.	Xouaxange.	Zell.	La Baroche.
Sengbusch.	Seingbouse.	Zittersdorf.	Haut-Clocher.
Sennheim.	Cernay.		
Settingen.	Zetting.		

TABLE DES MATIÈRES

Paris. — Imprimerie PAUL DUPONT, 4, rue du Bouloi (Cl. 101.8.80).

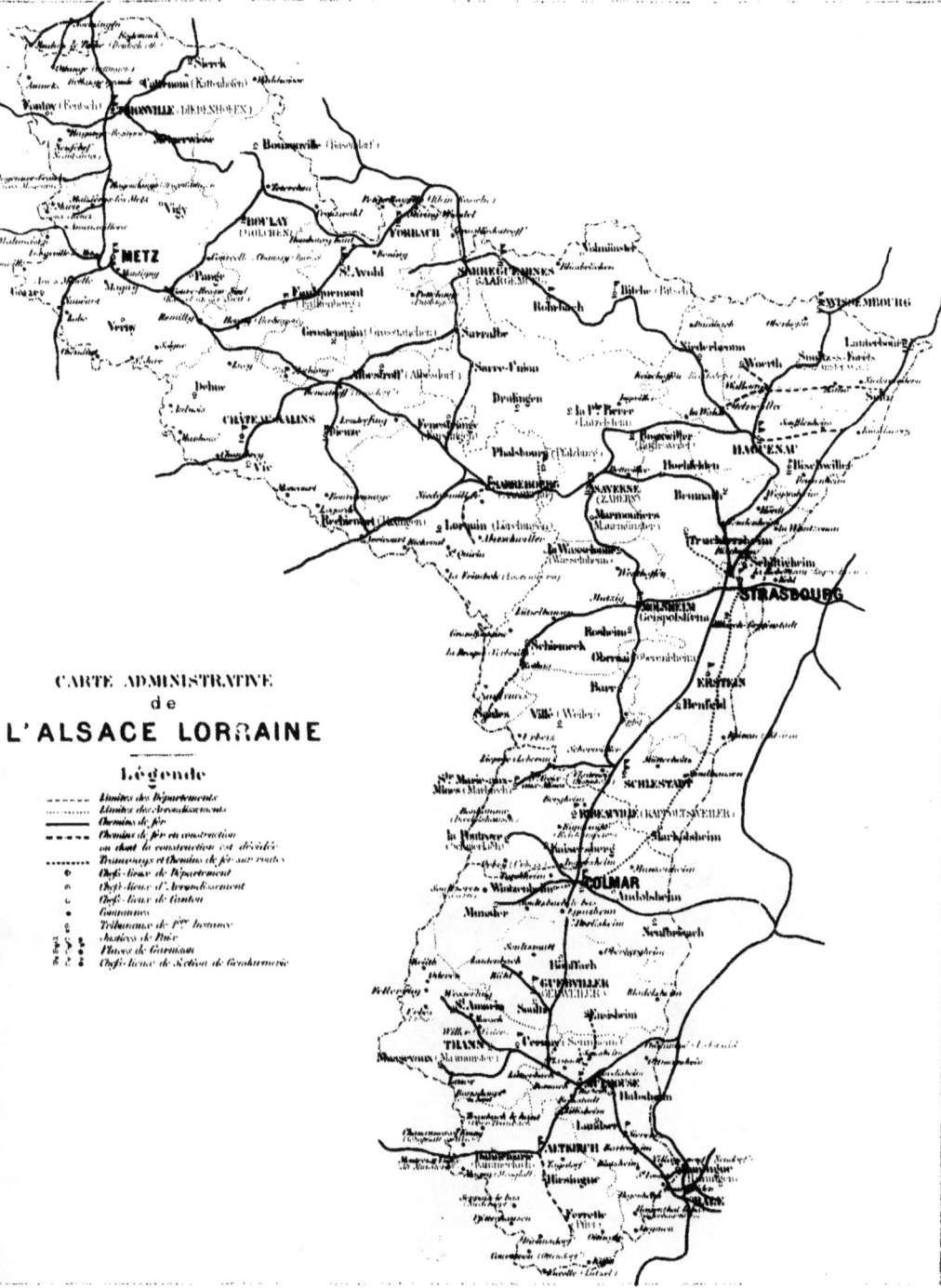

CARTE ADMINISTRATIVE
de
L'ALSACE LORRAINE

Légende

Limites des Départements
Limites des Arrondissements
Chemins de fer
Chemins de fer en construction
ou dont la construction est décidée
Tramways et chemins de fer sur routes
Chefs-lieux de Département
Chefs-lieux d'Arrondissement
Chefs-lieux de Canton
Communes
Tribunaux de 1re Instance
Justices de Paix
Places de Garnison
Chefs-lieux de Section de Gendarmerie

www.ingramcontent.com/pod-product-compliance
Lightning Source LLC
Chambersburg PA
CBHW070017110426
42741CB00034B/2052